나를 붙잡아 주세요

국제PEN한국본부 창립70주년기념 산문선집 14 　　이진형 수필집

International PEN-Korea Center **pen**

교음사

국제PEN헌장

국제PEN은 국제PEN대회 결의에 따라 다음과 같이 헌장을 선포한다.

1. 문학은 각 민족과 국가 단위로 이루어지나, 그 자체는 국경을 초월하여 그 어떤 상황 변화 속에서도 국가 간의 상호 교류를 유지해야 한다.
2. 예술 작품은 인간의 보편성에 바탕을 두고 길이 전승되는 재산이므로 국가적 또는 정치적 권력으로부터 간섭을 받아서는 안 된다.
3. 국제PEN은 인류 공영을 위해 최대한의 영향력을 발휘해야 하며 종족, 계급 그리고 민족 간의 갈등을 타파하는 동시에 전 세계 인류가 평화롭게 살아갈 수 있다는 이상을 실현하기 위하여 최선을 다해야 한다.
4. 국제PEN은 한 국가 안에서나 또는 세계 여러 나라에서 사상의 교류가 상호 방해 받지 않는다는 원칙을 준수하며, PEN 회원들은 각자 국가나 지역사회에서 어떤 형태로든 표현의 자유를 억압하는 데 반대할 것을 선언한다. 또한, PEN은 출판 및 언론의 자유를 주창하며 평화시의 부당한 검열을 거부한다. 아울러 PEN은 정치와 경제의 올바른 질서를 지향하기 위해 정부, 행정기관, 제도권에 대한 자유로운 비판이 필수적이고 긴요하다는 사실을 확신한다. 이와 함께 PEN 회원들은 출판 및 언론 자유의 오용을 배격하며, 특정 정치 세력이나 개인의 부당한 목적을 위해 사실을 왜곡하는 언론 자유의 해악을 경계한다.

이러한 목적에 동의하는 모든 자격 있는 작가들, 편집자들, 번역가들은 그들의 국적, 언어, 종족, 피부 색깔 또는 종교에 관계없이 어느 누구라도 PEN 회원이 될 수 있다.

국제PEN한국본부 연혁

국제PEN본부는 1921년에 창립되어 2022년 3월 현재 145개국 154개 센터가 회원으로 가입돼 있는 세계적인 문학단체이다. 국제PEN본부는 영국 런던에 본부를 두고 있으며 특히 UN 인권위원회와 유네스코 자문기구로 현재 전 세계 문인, 번역가, 편집인, 언론인들의 표현의 자유를 옹호하고 인권 문제를 다루고 있는 단체이다.

한국PEN은 1954년 9월 15일 변영로·주요섭·모윤숙·이헌구·김광섭·이무영·백철 선생 등이 발기하여 같은 해 10월 23일 당시 서울 소공동 소재 서울대학교 치과대학 강당에서 창립총회를 열고 국제펜클럽한국본부로 공식 출범하였다. 국제펜클럽한국본부는 그 이듬해인 1955년 6월 비엔나에서 열린 제27차 세계대회에서 정식회원국으로 가입하고 그해 7월에 인준을 받아 오늘에 이르렀으며 2022년 3월 현재 회원 수는 4,000여 명이다.

사)국제PEN한국본부(International PEN Korea Center)는 역사와 권위를 자랑하는 국제적 문학단체로서 회원들의 양심과 소신에 따른 저항권과 표현의 자유를 옹호하고 구속 작가들의 인권문제를 다루며 한국의 우수 문학작품을 번역, 세계 각국에 널리 알리고 우리 민족의 고유문화와 전통문화 등을 해외에 소개하는 한편 세계 각국과 문화 교류 및 친선을 도모하는 데 주도적 역할을 담당하고 있다.

1954. 10. 23.	국제펜클럽한국본부 창립
1955.	제27차 국제PEN비엔나대회에서 회원국 가입
	『The Korean PEN』 영문판 및 불어판 창간
1958.	국내 최초 번역문학상 제정
1964.	PEN 아시아 작가기금 지급(1970년 제6차까지)
1970.	제37차 국제PEN서울대회 개최(60개국 참가)
1975.	『PEN뉴스』 창간. 이후 『PEN문학』으로 제호 변경
1978.	한국PEN문학상 제정
1988.	제52차 국제PEN서울대회 개최
1994.	제1회 국제문학심포지엄 개최
1996.	영문계간지 『KOREAN LITERATURE TODAY』 창간
2001.	전국 각 시도 및 미주 등에 지역위원회 설치
2012. 9.	제78차 국제PEN경주대회 개최
2015. 9.	제1회 세계한글작가대회 개최
2016. 9.	제2회 세계한글작가대회 개최
2017. 9.	제3회 세계한글작가대회 개최
2018. 11. 6~9.	제4회 세계한글작가대회 개최
2018. 8. 22.	정관개정에 의해 국제PEN한국본부로 개명
2019. 2.	PEN번역원 창립
2019. 11. 12~15.	제5회 세계한글작가대회 개최
2020. 10. 20~22.	제6회 세계한글작가대회 개최
2021. 11. 2~4.	제7회 세계한글작가대회 개최
2022. 11. 1~4.	제8회 세계한글작가대회 개최

국제PEN한국본부 창립 70주년
기념 선집을 발간하며

국제PEN한국본부는 1954년에 창립되고 이듬해인 1955년 6월 오스트리아의 빈에서 열린 제27차 국제PEN세계대회에서 회원국으로 가입되었다. 초대 이사장은 변영로 선생이 맡고 창립을 주선했던 모윤숙 시인이 부이사장을 맡았다. 이하윤, 김광섭, 피천득, 이한구 등과 함께 창립의 중심 역할을 했던 주요섭이 사무국장을 맡았다.

6·25한국전쟁이 휴전된 지 겨우 1년이 되는 시점에 이루어 낸 국제PEN한국본부의 창립은 매우 깊은 의미를 담는 거사였다. 그동안 국제PEN한국본부는 세 차례의 국제PEN대회와 8회의 세계한글작가대회를 개최하며 수많은 국내외 행사를 주최해 왔다. 이에 내년 2024년에는 창립 70주년을 맞이하게 되어 그 기념사업의 일환으로 PEN 회원들의 작품 선집을 발간하기로 하였다.

여러 가지 기념사업을 진행하지만 회원들의 주옥같은 작품집을 선집으로 집대성하여 남기는 일은 가장 중요하고 의미 있는 일이라 생각한다.

　시와 산문으로 구성되는 선집은 우리 한국문학사의 중요한 족적을 남기는 귀중한 역사 자료로서의 가치를 갖게 되리라고 믿으며 겸허한 마음으로 70주년을 자축하는 주요 사업으로 진행하게 된다.
　참여해 주신 회원들께 감사하며 어려운 여건 속에서도 기꺼이 출판을 맡아 준 기획출판 오름의 김태웅 대표와 도서출판 교음사의 강병욱 대표에게 심심한 감사를 드린다.

2023년 3월
국제PEN한국본부 이사장 김용재

책을 내며

'마부위침(磨斧爲針)' 정신으로

　올해 2024년은 '국제PEN한국본부'가 창립된 지 70주년이 되는 해다. 창립 70주년 기념사업의 하나로 추진하는 PEN 회원들의 작품 선집 발간사업에 동참하기로 하였다. 이 선집은 단순한 개인 저서 차원을 넘어 한국문학사에 귀중한 역사적 자료로 보존됨으로 그 가치를 인정받게 된다는 점에 마음이 끌렸다.
　또한 1954년 창립 당시 중심 역할을 맡았던 이하윤 교수님은 대학 재학시절 국문학을 강의하셨고, 나의 결혼식 때는 주례를 서주셨던 분이라 남다른 인연으로 감회가 새롭다. 주례 교수께서 공들여 창립한 문학단체이니 후학으로서 참여하는 것은 당연한 도리로 여겨진다.
　국제PEN본부는 100년이 넘는 역사와 145개국 회원국이 가입되어 있는 세계적인 문학단체다. 한국본부도 70년의 역사와 4,000여 명의 회원이 가입된 국내 양대 문학 산맥 중 하나이다. 노벨문학상 추천권을 행사한다. 이처럼 오랜 역사와 큰 규모의 문학단체임에도 문단에 발을 들여놓기 전에는 솔직히 국제PEN이 어떤 단체인지 잘 알지 못했다. 'PEN'이란 어휘도 시(poem), 수필

(Essay), 소설(Novel)의 약자인 줄 회원이 되면서 알게 되었다. 특히 반가운 것은 아웃사이더 문학으로 치부하던 수필 장르가 떳떳하게 단체명에 명기되었다는 사실이다. 또 한국에서 세 차례나 국제PEN세계대회를 주최하였고 여덟 차례 세계한글작가대회를 개최하여, 한국문학의 우수성을 전 세계에 널리 알렸다.

이번 선집에는 아직 발표하지 않은 신작과 이미 발표한 글 중에서 골라 모두 43편의 글을 실었다. 나의 인생역정이 고스란히 담긴 책이다. 마음속에 담고 있었던 이야기를 여과 없이 털어놓은 것만으로도 가슴이 후련하다. 심신이 발가벗겨진 느낌이다. 글은 곧 쓴 사람의 인격이고 자존심이다. 어떤 글이든 그 속에는 쓴 사람의 정신이 녹아 있다. 무엇을 생각하고 무슨 뜻으로 그 글을 썼는지 독자들의 반응은 예민하다.

중국 당서(唐書)에 시선 이백(李白)의 '마부위침(磨斧爲針)'이란 고사가 전해지고 있다. '도끼를 갈아서 바늘을 만든다'는 뜻이다. 이백도 '타고난 시인'은 아니었다. 끝없는 노력과 인내의 결실로 시선의 위치에 올랐다. 또 인간의 정을 형상화하는 데 성인의 경지에 이르렀다는 시성 두보(杜甫)가 평생 가슴속에 품었던 말은 '어불경인(語不驚人) 수사불휴(雖死不休)'다. 즉 '시어(詩語)가 사람을 놀라게 하지 않으면 죽어도 그만두지 않겠다'고 했으니 얼마나 강한 집념인가.

수필 쓰기도 이와 다르지 않다. 끊임없이 생각하고 다시 쓰고 고치는 과정을 거듭하면 언젠가는 명작수필을 쓸 수 있는 수준에 이르리라. '수필가는 많은데 수필다운 글을 만날 수 없다'는 비판의 목소리를 들으면 나의 글솜씨를 되돌아보게 된다.

수필다운 글을 쓰고 싶은 마음이야 굴뚝같지만 쓰면 쓸수록 어려움을 느낀다. 독자의 마음을 사로잡는 명품수필은 아직도 멀리 보이는 산 정상이다. 어서 올라오라고 손짓한다. 한 발짝씩 정상을 향하여 오르는 길이 숨차고 고될지라도 나를 기다리고 있는 연인 같은 명품수필을 만나러 오늘도 책상 앞에 앉는다. 설령 정상에 오르지 못하더라도 오르는 과정은 즐겁고 행복하다.

나의 버킷리스트 1번은 수필이다. 수필을 쓰면서 살아온 과정을 성찰하고 앞으로 남은 생애를 살아가는 동안 '향기로운 삶'을 누릴 수 있는 길을 찾아가리라.

갑진년 새해가 밝았다. 끔찍한 나이 숫자에 또 하나가 더해졌다. 축구에 비유하면 전후반 정규시간이 끝나고 연장전에 들어간 삶을 살아가고 있다. 연장전의 묘미는 '골든 골'이다. 2002년 '월드컵' 때 안정환 선수의 '골든 골'은 전 국민을 열광의 도가니로 만들었다. 나의 글을 읽어보는 독자들께 '골든 골'의 짜릿함에 버금가는 감동을 안겨드릴 수 있다면 더 무엇을 바라겠는가. 성공은 '꿈꾸는 자의 몫'이라는 신념을 가슴속에 지니고 새해를 출발한다.

이 책 발간에 도움을 주신 수필문학사 강병욱 대표님과 류진 편집국장님께 감사드린다.

2024년 정초

저자 **이진형**

차례

▸ 책을 내며

1. 강촌에 살고 싶네

강촌에 살고 싶네 … 22
나이 묻지 마세요 … 27
아름다운 다도해 … 32
서설 단상(瑞雪 斷想) … 37
나를 붙잡아 주세요 … 41
나는 누구인가 … 45
어느 소설가의 고향 … 49
외로운 여자 … 54
가죽피리 … 58
한 많은 보릿고개 … 63
문학관을 기다리는 마음 … 68

2. 위대한 도둑

위대한 도둑 ⋯ 74
남도 여행 ⋯ 79
개 팔자가 상팔자 ⋯ 85
시인의 고향 ⋯ 90
숙부의 아들 ⋯ 94
꿈엔들 잊힐 리야 ⋯ 99
강물은 흐른다 ⋯ 103
어머니의 겨울 ⋯ 106
어느 길이 좋을까 ⋯ 110
40점이 뭐기에 ⋯ 115
먼저 내미는 손 ⋯ 119
가을이 오는 소리 ⋯ 124

3. 금강산 연가

빗소리 … 128
금강산 연가 … 132
사랑이 뭐길래 … 136
네 죄를 네가 알렷다 … 141
인생도 승부다 … 146
물레방아 … 150
부지깽이 … 154
대머리 타령 … 159
주소 없는 편지 … 165
멱살잡이 … 170

4. 마음의 둥지

마음의 둥지 … 176
통금 시대 … 183
세상이 왜 이래 … 189
3C 친구 … 194
원효로 추억 … 200
다이아몬드 반지 … 206
장강만리(長江萬里) … 212
만월대의 달빛 … 218
세종대왕의 한숨 소리 … 225
살인 미소 … 230

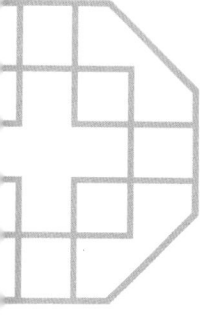
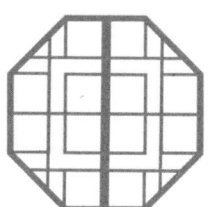
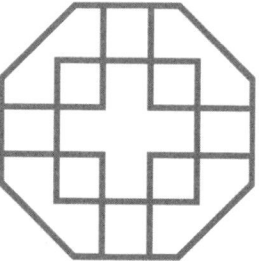

1

강촌에 살고 싶네

강촌에 살고 싶네

춘천(春川)은 소양강이 감싸고 흐르는 호반의 도시다. 시내 어느 곳에서나 고개를 돌리면 산이 보이고 강물이 보인다. 이곳 사람들은 날마다 강물을 보며 저마다 마음속에 예쁜 그림을 그리며 살아가리라. 날 새면 물새들이 하염없이 날고 봄 내음이 가득한 강촌 풍경은 춘천이란 지명과 잘 어울린다. '봄내길' 8개 산책코스가 도시 전체를 그물처럼 엮어 놓았다. 춘천 작가들과 강변 봄내길을 함께 걸으며 춘천의 자랑과 「소양강 처녀」 노래를 들으니 이곳에서 남은 세월을 유유자적하게 살고 싶은 마음이 슬며시 고개를 쳐든다.

춘천은 자랑할 것이 많은 행복한 도시다. 대충 둘러본 것만으로도 "와아~"하는 감탄사가 절로 나온다. 김유정문학촌, 강원도립화목원, 산림박물관, 국립춘천박물관, 소양강스카이워크, 소양강처녀상, 소양강댐, 레고랜드, 하중도생태공원, 삼악산호수케이블카, 춘천인형극장, 신숭겸장군묘역 등을 돌아다니며 사진 찍기에 바빴다. 또 세계태권도연맹본부가 춘천시에 유치 확정되었으며, 소양강댐 50주년을 맞아 각종 축제 행사가 연이어 개최되고 있었다. 춘천작가회에서 제공하는 춘천의 대표 음식 닭갈비로 즐거운 오찬 시간을 가진 후 참석자 전원이 소양강 처녀상 앞에서 3절까지 노래를 합창했다.

국민가요가 된 「소양강 처녀」 노래는 모르는 사람이 없을 정도로 한때 노래방 애창곡 1순위였다. 소양강보다 더 유명해진 이 노래 사연은 반야월 작사, 이호 작곡으로 김태희가 불렀고, 실제 주인공은 윤기순이다. 18세 소녀 윤기순은 반야월이 회장인 가요작가동지회 사무실에서 여사무원으로 일하고 있던 가수 지망생이었다. 윤기순의 아버지는 소양강 어부였는데, 딸의 장래를 위하여 반야월을 초청하여 매운탕과 토종닭을 잡고 푸짐하게 대접하였다. 윤양과 반야월 일행은 다시 나룻배를 타고 갈대숲이 보이는 섬으로 이동하여 시상(詩想)이 절로 떠오르는 경치를 즐겼는데 이때 「소양강 처녀」 가사가 만들어졌다고 한다. 당시 나룻배를 저었던 소양강 처녀 윤기순은 그 후 소양강 지천에서 오리집 식당을 운영하고 있을 때 춘천작가회에서 직접 방문한 일이 있었다고 한다.

이제는 여러 개의 멋진 다리가 나룻배를 추억 속으로 밀어내고, 70년 역사의 완행 경춘선도 더 빠르고 더 자주 달리는 전철로 바뀌었다. 또 용산역에서 출발하는 ITX청춘열차는 청량리역과 상봉역에서 출발하는 일반 전철보다 고급이다. 60~80년대 경춘선 완행기차는 낭만 열차였다. 수도권 지역 대학생들의 MT 행사와 연인들의 데이트 코스로 애용하면서 추억과 낭만의 대표 아이콘이 되었다. 남녀 학생들이 어울려 기차 안은 기타 소리로 가득했지만, 누구도 말리지 않았고 함께 즐기며 추억을 쌓았다. 나도 그 시절 아내와 데이트를 하면서 강촌역에 내려 배를 타고 등선폭포를 찾아간 기억이 새롭게 떠오른다. 그 당시 젊은이는 이제는 노인이 되어 전철 무임승차로 춘천을 다녀오면서 낭만 열차의 추억을 회상해 보는 시대를 살고 있다.

글을 쓰는 사람들이 꼭 가보고 싶은 곳은 김유정문학촌이다. 2002년 8월 춘천시가 춘천의 대표문인 김유정의 삶과 문학을 좀 더 가까이 소개하기 위하여 작가의 고향인 신동면 실레마을 전체를 문학촌으로 만들었다. 2004년 경춘선 신남역을 김유정역으로 변경하였으며, 실레마을 뒷동산에 문학 산책로도 만들었다. 대표작 『동백꽃』은 교과서에 실린 단편소설로 사춘기 소년 소녀의 풋풋한 사랑을 해학적이고 토속적인 언어로 묘사하였다. 1930년대 대표 문인인 김유정 작가의 생가를 복원하고, 다양한 기획전시와 추모제, 문학 행사 등을 개최하여 관광버스가 주차장을 가득 메운다.

이처럼 아름다운 도시, 춘천에서 열리는 『수필문학』 하계세미나에 참석하면서 춘천의 매력에 흠뻑 빠져들었다. 우리나라에 이런 멋진 도시가 있다는 것이 자랑스럽다.

전국에서 모인 60여 명 수필가도 이번 세미나 일정이 매우 유익하고 즐거운 여행이었다고 이구동성으로 칭찬을 아끼지 않는다. 쉼터 정자에서 즉석 공연을 펼쳤다. 모두들 한가락 하는 놀이꾼들이라 노래와 춤 실력이 수준급이다. 대구 K교수는 바리톤 성악가로 직접 작사한 「대가야」를 멋지게 불렀고, 춘천 B수필가는 「선구자」, 서울 Y수필가는 프랑스 명곡을 우리말 조크로 개사하여 웃음바다로 만들었다.

'제사보다 젯밥에 정신이 있다'란 속담처럼 세미나와 수필 공부보다 여행의 재미를 더 즐기는 표정들이다. 하지만 수필과 여행은 무관한 관계가 아니고 서로 상생하는 관계로 사촌처럼 가까운 사이다. 여행지에서 번득이는 발상으로 글감을 얻고, 이를 수필로 잘 묘사하면 독자들이 공감하는 좋은 작품을 발표할 수 있으리라. 이번 춘천 세미나는 수필과 여행이 조화를 이룬 보람 있고 알찬 행사로 마음속에 쌓인 스트레스를 치유하는 경험을 하게 되었다.

세미나 주제 발표 제목도 「수필의 문학치유적 특성」이다. '문학치유'라는 생소한 어휘가 선뜻 이해되지 않지만, 쉽게 풀이하면 '글을 쓰면서 마음의 병을 고친다'는 의미로 이해한다. "과연 그럴까" 의문이 남기도 하지만 나의 경험으로 봐서 대답은 "예"다. 병명도 정확히 알 수 없는 가슴속 한(恨)을 오늘처럼 글을 쓰면서 조금씩 풀어나간다면 문학이란 약으로 치유 효과를 본 것과 같지 않겠나. 이것이 내가 글을 쓰는 이유다.

창 너머에서 들려오는 귀뚜라미 울음소리가 여행의 계절, 가을이 오고 있음을 알려준다. 아직 두 다리로 걸을 수 있는 힘이 남아 있으니 며칠만이라도 춘천에 머물며 8개 봄내길을 모두 돌아보면 강촌에 살고 싶은 나의 마음을 조금은 달래볼 수 있으리라. 춘천의 감동은 눈을 감으면 지워지지 않는 아름다운 그림으로 떠오른다.

나이 묻지 마세요

　이애란이 부르는 「백세인생」 노래를 듣고 있노라면 코웃음이 절로 나온다. 육십 세부터 백 세까지 연령대별로 저세상에서 데리러 오면 이 핑계 저 핑계를 대며 못 가겠다고 전하라 한다. 아직 젊다고, 할 일이 남아 있다고, 쓸만하다고 궁색한 이유를 둘러댄다. 더욱 가관인 것은 좋은 날 좋은 시에 알아서 갈 테니 재촉 말라고 한다. 염라대왕이 들으면 웃기는 인간들이 헛소리를 한다며 당장 잡아 오라고 하지 않겠는가. 또 오승근이 부른 「내 나이가 어때서」는 사랑하기 딱 좋은 나이라고 어리광을 부리고, 흔히 듣는 말로 "나이는 숫자에 불과하다"며 나이를 아랑곳하지 않는 억지를 부리기도 한다.
　인간은 생로병사의 길이 타고난 숙명인데 노래 가사처럼 살아갈 수 있다면 얼마나 좋으랴. 노래 가사들은 모두 백세시대를 살면서 늙지 않으려고 발버둥질 치는 이 시대 사람들의 가련한 모습이다. 고려 때 우탁(禹倬)은 「탄로가(歎老歌)」에서 '늙는 길 가시로 막고 오는 백발 막대로 치렸더니 백발이 제 먼저 알고 지름길로 오더라'고 탄식했다.

사람은 누구나 나이를 먹는다. 아무리 먹기 싫어도 세월 따라 일 년에 한 살씩 꼬박꼬박 숫자가 늘어가며 연륜이 쌓인다. 아기로 태어나 노인이 되기까지 누구에게나 공평하다. 예외가 없는 철칙이다. 절세가인도 영웅호걸도 나이 장벽을 넘지 못하고 떠나갔다. 지금 이 순간 이 지구상에 살고 있는 수십억 명의 인간들도 언젠가는 일생을 마감해야 하는 한시적 생명체에 불과하다.

공원 벤치에 앉아 있으면 가끔 또래 노인이 나이를 물어본다. 나의 약점을 건드리니 대답하기 싫다. 어느 모임에서든 나이 얘기가 나오면 그만 입을 닫아버린다. 듣는 순간 머릿속에 떠오르는 것은 그놈의 나이 숫자다. 정말 끔찍하다. 어느새 그 많은 세월이 흘렀는가. 나이 컴플렉스를 잊으려고 여행도 다니고, 모임에도 나가고, 글도 쓰지만 신체의 노화는 어쩔 수 없다. 나이 굴레가 나의 일상생활을 옥죄고 있어 아무리 벗어나려고 몸부림쳐도 '세월 이기는 장사 없다'는 옛말을 실감한다. 이제는 어디를 가도 뒷전으로 밀리고 당당하게 나서지 못한다. 잘난 척해 봐야 젊은이들에게 눈총만 받고 노인의 한계에 부닥친다.

예로부터 인생살이의 전 과정을 나이로 구분하여 숫자보다 한문 호칭을 많이 쓰고 있다. 공자는 학문 수양의 발전 과정을 10대부터 70대까지 지학(志學), 이립(而立), 불혹(不惑), 지천명(知天命), 이순(耳順), 종심(從心)이란 호칭으로 『논어』「위정편」에 기술하면서 오늘까지 전해지고 있다.

　현재 많이 쓰고 있는 한자 호칭에는 모두 나이에 걸맞은 의미를 내포하고 있어 그럴듯하게 불린다. 100년간의 인간 수명을 약관(弱冠), 환갑(還甲), 고희(古稀), 희수(喜壽), 산수(傘壽), 미수(米壽), 졸수(卒壽), 백수(白壽), 상수(上壽)로 구분하여 그 나이가 되면 새로운 마음가짐을 갖게 된다. 인간의 생애는 마치 허들경기처럼 호칭별로 세워 놓은 고비를 한 단계씩 넘기며 살아가는 장거리 경주에 비유된다. 중간에 넘어지기도 하지만 백 세까지 완주하는 사람도 점점 늘어가고 있다.

　지하철에서 젊은이가 자리를 양보한다. 고마우면서도 한편 미안한 마음이 든다. 공부에 시달리는 학생들이나 일터로 나가는 고달픈 직장인들이 잠시나마 편하게 갈 수 있는 자리를 '지공거사'로 폼잡고 앉으니 오히려 쑥스럽다. 지하철 무료 연령을 70세로 올리든지 다른 경로우대처럼 50% 할인 요금으로 유료화 하면 경영 악화를 막고 노조 파업도 수그러들 것이라고 당국에 건의서를 제출하고 싶다. 어느 당대표는 현행 노인무인승차 제도를 폐지하겠다는 선거공약을 발표하여 논란이 되고 있다.

　우리나라 경로 우대정책은 선진국 수준이다. 65세 기준연령이 지나면 의료보험, 공과금, 통신비, 각종 입장료, 은행거래, 주차비, 임플란트 등 여러 분야에서 할인 혜택이나 면제를 받고 있다. 노령화는 개인 문제인데 이렇게 나라에서 특별대우를 해 주니 그저 고마울 뿐이다.

우리나라도 이미 고령화 사회다. 유엔이 정한 65세 이상 노령인구가 전체 인구의 20%에 가까워지고 있다. 5명 중 1명이 노인이다. 저출산 위기로 일본처럼 초고령화 사회가 코앞에 닥쳐오고 있다. 경제성장이 뒷걸음질 치고 선진국 문턱에서 주저앉지 않을까 우려되는 현실이 발등에 떨어진 불이다. 노인 문제가 고민거리다. 노인 인구가 늘어나면 노동력 부족으로 경제는 점점 악화되고 의료비, 연금, 사회보장비 부담이 폭증한다. 태어나지도 않는 미래 세대에 폭탄을 넘겨서야 되겠는가.

노령인구가 29%를 넘어선 일본은 무서울 정도로 노인을 밀어내는 정책을 펴고 있다. 최근 칸영화제 수상작으로 일본에서 개봉한 영화「플랜 75」가 화제다. 75세 이상이면 스스로 죽음을 선택할 수 있는 길이 법제화되어 죽음을 국가에 신청하면 국가가 이를 시행해 준다는 매우 쇼킹한 주제가 이 영화의 줄거리다. "75세인가요, 죽는 게 어때요?" 하는 대사가 등골이 오싹할 정도로 뼈 때리는 영화다. 오늘을 살고 있는 한국의 노인들이 이 영화를 보면 어떻게 생각할지 착잡한 마음을 가눌 수가 없다.

한국 문단을 대표하는 두 여류 소설가 박경리, 박완서는 '다시 젊어지고 싶지 않다'고 했다. 고무줄 바지를 헐렁하게 입을 수 있는 것처럼 나 편한 대로 살 수 있는 자유가 얼마나 좋은데 젊음과 바꾸겠느냐고 한다. 100세를 넘긴 김형석 교수도 젊은 시절보다 60대쯤으로 돌아가고 싶다고 했다. 세 분이 노인 세대를 예찬하는 뜻이 진심일지라도 젊은이들에겐 체념과 푸념의 소리로 들리지 않을까. 아무리 노인 예찬을 부르짖어도 청춘 예찬을 이길 수는 없으리라, 지금까지 나이에 맞는 삶에 순응하며 살아 왔는데 이제 와서 나이 탓을 한다고 옛날로 돌아갈 수 있겠는가. 나이 얘기는 지겹다. 이제 그만하자.

아름다운 다도해

 우리나라 남해안은 톱니처럼 들쭉날쭉한 리아스식 해안이다. 여기에 수많은 섬이 옹기종기 모여 있어 그림처럼 아름다운 경치가 탄성을 자아낸다. 이곳은 두 개의 해상국립공원 구간으로 한려해상국립공원은 거제시 지심도에서 여수시 오동도까지며, 다도해해상국립공원은 오동도에서 신안군 홍도까지다. 이번 여행은 다도해해상국립공원 구간을 H여행사의 2박 3일간 여행 일정대로 목포, 해남, 진도, 완도, 보길도를 거치는 관광코스를 다니며 색다른 체험과 볼거리를 즐겼다. 또 지역마다 독특한 음식과 상차림이 보기도 좋고 맛도 좋았다. 코로나로 움츠렸던 일상에서 다시 삶의 향기를 찾으러 떠난 여행이었다.
 첫날 목포에 도착하자마자 소문난 '목포음식명인집'에서 '보리굴비' 한정식을 맛봤다. 보리굴비 1호 명장이 요리한 쫄깃한 굴비를 녹차 국물과 함께 먹었다. 보리굴비는 보리의 향을 받아들여 비린내가 없고 쌀뜨물에 담갔다가 살짝 쪄 먹으면 보리굴비 특유의 독특한 식감을 느낄 수 있다고 한다.

오찬 후 해남으로 이동하여 윤선도 유적지 녹우당(綠雨堂)을 관람했다. 녹우당은 해남 윤씨 고택으로 고산 윤선도와 그의 증손인 공재 윤두서가 태어난 집이다. 전라남도에 남아 있는 민가로는 가장 규모가 크고 오래된 한옥이다. 안채와 사랑채가 'ㅁ'자형이고 행랑채가 갖추어져 조선시대 상류 주택의 양식을 잘 나타내고 있다. 솟을대문을 들어서면 고산이 효종으로부터 하사받은 수원집을 이곳으로 옮겨왔다는 사랑채를 볼 수 있었다. 이곳에는 우리나라 종가 중 가장 많은 유품이 남아 있고, 윤두서의 그림이 전시돼 있었다. 이곳 유적지를 상징하는 600년 된 은행나무와 뒷산에는 오백 년 된 천연기념물 비자나무 숲이 우거져 있었다.

다시 이동하여 해남 우수영국민관광지에 도착했다. 이곳 우수영관광지는 '13척의 신화'로 유명한 곳이다. 이순신 장군이 왜군을 섬멸한 울돌목 해협 바다 위로 맞은편 진도 타워까지 1km 구간을 해상케이블카로 이동하면서 아름다운 다도해와 진도대교를 감상할 수 있었다. 울돌목은 초속 6m 거센 물살의 요란한 소리가 바닷목이 우는 것 같다고 하여 붙여진 이름으로 한자로 표기하면 명량(鳴梁)이다. 명량대첩은 울돌목의 지형적 특성을 활용하여 이순신 장군이 남아 있던 배 12척과 백성들의 배를 수선한 1척을 더하여 13척으로 왜선 133척을 무찌른 유례없는 해전사다. 이때 '금신전선상유십이(今臣戰船尙有十二)'라는 비장의 문구가 선조에게 올린 장계로 전해지고 있다. 진도 타워에는 조선시대 수군의 천자총통, 판옥선이 전시되어 있으며 이순신 장군의 전략과 운용 전술이 자세하게 설명되어 있었다.

다시 진도대교를 건너 운림산방(雲林山房)을 찾았다. 이곳은 조선 후기 남종화의 대가인 소치(小痴) 허련(許鍊) 선생이 말년에 그림을 그렸던 화실로 점찰산 주위에 아침저녁으로 피어오르는 안개가 구름 숲을 이루었다고 하여 붙여진 이름이다. 선생은 추사 김정희 문하에서 서화를 배워 일세를 풍미하였으며, 이후 5대에 걸쳐 9인의 화가를 배출하였다. 지금도 그의 후손들이 이곳에서 남종화의 맥을 이어오고 있는 살아있는 미술관이다. 전시관에서는 허련의 작품과 그의 손자 허건의 작품까지 남종화를 대표하는 작품들을 만날 수 있다.

진도(珍島)는 이름 그대로 보배로운 섬이다. 1984년 진도대교 개통으로 본섬은 섬이라는 실감이 나질 않지만, 수십 개의 유인도와 수백 개의 무인도가 진도 앞바다에 조약돌처럼 널려 있다. 또 진도는 우리나라에서 세 번째 큰 섬으로 어디를 가나 기름진 땅이 있어 '한 해 농사지어 삼 년 먹는다'는 말까지 있다고 한다. 진도를 더욱 진도다운 섬으로 만든 것은 노래와 놀이, 그림과 굿이다. 어느 집이나 그림 한두 점씩은 걸려 있고, 지정된 사람이 아니더라도 타고난 신명과 흥으로 노래 한 자락쯤은 멋들어지게 뽑는다. 목포로 다시 돌아와 전복 삼겹살 구이로 저녁을

푸짐하게 먹고 영암호가 펼쳐지는 목포 현대호텔에서 잠자리에 들었다.

둘째 날 해남 땅끝마을에 도착해서 왕복 모노레일로 땅끝전망대를 관람했다. 시원하게 펼쳐지는 다도해의 풍광이 일품이다. 행정지명보다 '땅끝마을'로 더 유명한 이곳은 한반도 최남단으로 서울까지 천 리, 최북단 함경북도 온성군까지는 삼천 리 거리다. '삼천리 금수강산'의 시작점이고 끝점이다. 오찬 후 배에 버스를 싣고 보길도로 향했다. 먼저 노화도에 입도하여 버스로 보길대교를 건넜다. 보길도는 가사문학의 비조로 일컬어지는 고산 윤선도가 만년을 보낸 곳으로 '윤선도 마을'이라 할 만큼 곳곳에 그의 자취가 남아 있었다. 고교 시절 시험 치느라 달달 외우던 「오우가(五友歌)」'수(水), 석(石), 송(松) 죽(竹), 월(月)'의 발상지다.

세연정, 판석보, 곡수당, 낙서재, 동천석실 등 부용동의 '윤선도 원림'은 1637년 고산이 낙향하여 「어부사시사」를 창작하고 읊었던 안빈낙도의 공간으로 국가 명승지로 지정되었다. 세연정은 부용동공원에 가장 공을 들여 만든 정자로 원형이 잘 남아 있고, 정자 앞 맑은 개울물을 자연 그대로 연못으로 만들어 풍류를 즐겼다. '세연(洗然)'이란 '주변 경관이 매우 깨끗하고 단정하여 기분이 상쾌해진다'는 뜻으로 고산의 고결한 품성을 엿볼 수 있다. 낙서재는 고산이 보길도에서 운명할 때까지 살았던 집으로 아래에는 고산의 아들 학관이 지은 곡수당이 위치하고 있다. 강진에서 남도 한정식으로 석식 후 목포 호텔로 돌아왔다.

셋째 날 서해안고속도로를 달려 고창 고인돌 유적지를 찾았다. 이곳은 세계에서 가장 크고 넓게 고인돌 군집을 이루고 있는 곳으로 강화, 화순의 고인돌과 함께 유네스코 세계문화유산으로 지정되었다. 매산리 산기슭에서부터 약 1.5km 이어지며 447기의 고인돌이 탁자식, 바둑판식, 지상석곽식, 개석식 등 다양한 형태로 모여 있는 것이 특징이다. 탐방 열차를 타고 천천히 둘러보는 재미가 잠시나마 동심(童心)으로 돌아가는 즐거움을 안겨준다. 고인돌박물관에는 고인돌 제작 모습, 청동기시대의 유물, 생활상 등을 전시해 다양한 볼거리로 가득하다. 고창 장어 백반 정식으로 오찬 후 선운사로 향했다. 도솔산 기슭에 자리한 선운사는 백제 위덕왕 때 창건된 천오백 년 고찰로 빼어난 경관과 국보급 문화재를 보유하고 있다. 특히 봄에는 붉디붉은 동백꽃, 가을에는 단풍과 꽃무릇이 매우 아름다워 관광객이 발길이 끊이질 않는 곳이다.

이번 다도해 여행은 좁은 국토에 살면서도 처음 가보는 곳이라 놀라움과 즐거움의 연속이었다. 언제고 꼭 가보고 싶었던 곳이라 소원 풀이를 했다. 우리 국토가 이토록 땅과 바다와 자연이 어우러진 아름다운 지형을 갖추고 있음에 새삼 감탄하며, 축복의 땅에 사는 이 행복을 오래도록 누리고 싶은 욕심이 불현듯 솟구친다. 아름다운 우리 국토를 돌아본 소감을 누군가 묻는다면 한 마디로 "우리나라 좋은 나라, 멋진 여행이었다"고 주저 없이 대답하리라.

서설 단상(瑞雪 斷想)

똑같은 나날이지만 오늘은 여느 날과는 다른 한 해의 마지막 날이다. 내일이면 새해라고 사람들은 '근하신년'이란 신춘 휘호를 쓰면서 새해를 축복하고 덕담을 건네리라. 해가 바뀌는 특별한 날임을 예고하듯 함박눈이 내린다. 복되고 좋은 일이 있을 듯한 서설이다. 어디서부터인지 소리 없이 내리는 눈발이 생활에 지친 사람들의 굳은 얼굴을 어루만진다. 지나가는 사람들끼리 가벼운 눈인사를 한다. 집이란 집은 모두가 꿈속에 잠들어 있다. 갑자기 도시가 문명의 탈을 벗어 던지고 흰옷으로 갈아입었다. 세상이 조용하고 마음이 평온하다.

상서로운 서설이 내리면 사람들은 환호성을 지르고 감상에 젖는다. 들뜬 마음으로 창문을 열고 "눈이 온다"라고 외친다. 특히 도시인에게는 향수를 자극하는 촉매제 역할을 한다. 동네 어귀에 눈사람을 만들어 놓고 즐거워했던 어린 시절의 기억들, 소복이 쌓인 눈길을 함께 걸었던 연인과의 추억들은 평생 가슴속에 아름다운 그림으로 남아 있다. 눈을 소재로 한 시나 노래나 그림은 또 얼마나 많은가. 금강산 노래자랑에서 「고향설」을 부르려다 상사의 질책이 두려워 포기한 아쉬움이 잊히지 않는다. 눈 내리는 거리를 걸으면 은연중 낭만에 젖어 불현듯 친구와 술잔을 기울이고 싶어진다.

1960년대 직장생활을 할 때 있었던 일이다. 당시는 노래방 문화가 아예 없었고, 술집으로 '방석집'이 유행하였다. 방석을 깔고 앉아 파트너 아가씨와 젓가락 장단에 맞추어 "오동추야" 노래를 부르며 술을 마시는 유흥업소다. 술값에다 아가씨 팁을 반드시 지불해야 하기 때문에 조금 비싼 술집이다. 옆에 앉은 아가씨가 코맹맹이 소리를 내면 비싼 안주 한 접시를 더 시켜야 한다.

어느 눈 내리는 날 고향 친구들과 어울려 '우리는 낭만파'라고 자처하면서 몇 군데 싸구려 술집을 배회하다가 마지막으로 방석집에 들렀다. 마침 그날은 월급날이라 현금이 두둑이 있었고 미혼이니 구박할 사람도 없어 마음놓고 즐겼다. 그만 통금시간을 넘겨 집에 가지 못하고 술집에서 뒹굴었다. 아침에 일어나 술값을 계산하니 월급이 반이 날아갔다. 그만 출근 시간을 넘겨 사무실에 들어서니 상사가 찌푸린 표정으로 어떤 여자가 전화 왔더라고 일러준다. 고개를 들 수가 없었다. 해마다 눈 내리는 날이면 그때 일이 떠올라 쓴웃음을 짓는다.

또 한 해를 보내며 깊은 상념에 사로잡힌다. 지난 일 년을 되돌아보니 특별히 좋은 일도 가슴 아픈 일도 없었다. 그냥 그렇게 살아온 평범한 일상이었다. 망구(望九)의 나이에 병원에 입원하지 않고 두 발로 걸어 다닌 것만도 다행으로 생각한다. 다가오는 새해에도 올해처럼 살았으면 좋으련만, 인생 말년의 세월은 청춘 시절보다 몇 배나 빨리 화살처럼 지나간다. 노년의 하루하루가 얼마나 소중하고 의미 있는 시간임을 뼈저리게 느낀다. 무엇을 하고 어떻게 살아가야 보람 있고 가치 있는 삶인지 여러모로 생각해보지만 뾰족한 목표도 결론도 없이 또 하루해가 저문다.

 아침에 눈을 뜨자마자 마주하는 사람에게 남편으로서의 역할을 충실히 했는지 묻고 싶다. 편한 사이라고 이해를 강요하며 온갖 쓴소리를 쏟아낸 후과로 높은 점수를 받기는 어려울 것 같다. 그래도 같이 있고 싶은 사람이라는 표정을 눈빛으로 읽을 수 있으니 마음이 놓인다. 아내의 존재는 행복의 원천이다. 매일 같이 먹고, 입고, 즐기고, 생각하는 일들이 모두 아내의 결심에서 시작된다. 주는 대로 먹고 가자는 대로 따라간다. 오랜 여필종부(女必從夫)의 관습이 역전된 세상이 되었지만, 시대의 변화에 맞추어 살아가는 방법이 현명한 처신임을 어쩌랴.

 학창 시절 친구, 수십 년간 직장에서 동고동락한 선후배, 뒤늦게 글쓰기로 만난 글벗들에게 나는 어떤 사람으로 인식되고 있을까. 나쁜 놈, 좋은 놈으로 단정하는 평가가 어느 쪽이든 그들 몫이니 혹평한다고 항의할 수도 없는 일이고, 만인에게 다 좋은 놈으로 각인될 수도 없는 일이다. 그저 수시로 전화 잡담이나 카톡 문자라도 나눌 수 있는 대화 상대가 많아지면 그나마 실패한 인생이라고 자학하지 않고 삶의 의미를 찾을 수 있으리라. 한세상 살면서 여러 곳에 친구가 많다는 것은 행복의 자산이다. 앞으로 남은 생애는 그 자산을 마음껏 활용하여 향기로운 삶을 누릴 수 있는 길을 찾아가는 여정이다.

친구에게 전화를 걸어 오늘처럼 눈 내리는 날에 기분이 어떠냐고 물어봤더니 곧바로 김진섭의 백설부(白雪賦)를 보내왔다. 나와 같은 마음이란 걸 이 명작수필로 대답한다. 고교 시절에 감동 깊게 읽었던 기억이 되살아난다. 서설에 대하여 어쩌면 그토록 깊은 사유를 하면서 자세하게 기술하였는지 감탄하지 않을 수 없다. 작가가 상상하는 장면을 머릿속에 그리며 서설을 보고 있노라면 불현듯 과거의 회상에 사로잡힌다. 질곡의 세월을 견뎌온 가슴 아픈 기억들을 모두 털어내고 싶다. 이렇게라도 적고 나면 가슴에 맺혔던 응어리가 눈 녹듯 풀어지고 마음속이 후련하다. 삶의 여백이 생긴다. 글의 힘이 약 효과를 대신한 셈이다.

눈 자체가 자연이 창조하는 멋진 예술 작품이다. 눈을 소재로 작가들은 멋진 글을 쓰고, 가수는 감미로운 노래를 부르고, 화가는 아름다운 그림으로 화답한다. 이 글도 서설이 빚어내는 예술 작품에 한몫 끼어들고 싶은 충동에서 누구나 경험한 내용들을 적어본 서설 단상이다. 이 싱거운 글을 어느 독자가 읽고 그저 그런 얘기를 왜 글로 써서 발표하느냐고 혹평하면 서설 탓이라고 에둘러 핑계를 대야겠다. 그리고선 그대는 하늘에서 눈 꽃송이가 폭포처럼 떨어지는 장관을 보면 아무런 감흥도 느끼지 않느냐고 물어보리라.

나를 붙잡아 주세요

　수필이란 단어가 머릿속에 각인된 지 어언 팔 년이란 세월이 훌쩍 지나갔다. 살아온 세월의 끝자락을 '행복한 수필 쓰기'로 시간을 보냈다. 이제 수필은 연인처럼 가까운 사이다, 며칠만 뜸하면 만나고 싶다. 그 연인을 만나면 긴장되고 셀레기도 하지만 때로는 싸늘한 시선을 느낀다. 나의 글이 마음에 들지 않았을 때다. 수필을 처음 만났을 때는 문학의 장르인지 아닌지 개념조차 파악하지 못했다. 이것저것 생각나는 대로 쓰다 보니 미운 잡문을 늘어놓기가 일쑤였다. 다행히 훌륭한 교수와 조언을 아끼지 않는 친구를 만나 어떻게 수필을 써야 하는지 어렴풋이나마 알게 되면서 수필 쓰기에 재미를 붙이고 조금씩 빠져들고 있다.

　수필이란 연인은 은근한 매력을 풍기며 나를 안달하게 한다. 점점 연인에게 빠져든다. 참지 못하고 성급히 손이라도 잡으려고 하면 바로 뿌리친다. 더 공부하고 오란다. 책이라도 내면 받아줄까 해서 서둘러 자전 수필집을 출간했다가 수필이 아니란 이유로 되돌려 받는 수모도 겪었다. 그만 지쳐서 쉬고 있으면 다정한 눈빛으로 끌어당기니 또 할 수 없이 키보드를 두드린다. 이번에는 연인에게 덤벼들어 강제로 키스를 하거나 포옹이라도 하고 말겠다는 각오로 몇 날 며칠을 소재에 매달려 퇴고를 거듭했지만 또 실패다. 수필은 쓰면 쓸수록 끝이 보이지 않고 미궁 속을 헤맨다. 어느 세월에 수필다운 글을 써서 달콤한 키스 맛을 즐길 수 있으려나.

팔 년간 수필이란 연인과 데이트를 하면서 많은 공을 들였다. 읽고, 쓰고, 고치고 생각하는 과정을 끊임없이 반복하면서 연인의 마음을 사로잡으려고 애를 썼다. 몇 군데 문학단체에도 가입하고, 유명 교수로부터 강의도 받고, 문학기행도 다니며 소재 구상에도 관심을 기울였다. 잘 쓰지는 못했지만 세 번의 수필집도 발간했다. 이처럼 정성을 들였지만 아직 나의 연인은 마음을 완전히 열지 않고 있다. 열 듯 말 듯 뜸만 들인다. 이 정도의 밀월의 시간이 흘렀으면 키스 정도는 허락할 수 있을 것 같은데 그 시기를 가늠할 수가 없다. 참으로 얄미운 연인이다. 수필에 대한 연모의 정이 언제까지 계속될지 안개 속이다.

아내가 시장에 같이 가잔다. 무거운 장바구니 때문에 차를 운전하란다. 마침 이 글을 쓰고 있던 중이라 다음에 가자고 했더니 버럭 화를 낸다. "당신은 내가 1번이야, 수필이 1번이야" 한다. 수필에 몰두하는 나의 태도에 불만이 쌓인 것 같다. "당신이 당연히 1번이지" 하고선 따라나섰다. 1번을 따라가면서도 2번 수필이란 연인이 자꾸만 마음에 걸린다. 만약 수필을 연인으로 의인화(擬人化)하지 않고 실제 인격체라면 아내 몰래 연인과 만난다고 갖은 입방아를 찧어대리라. 그래도 2번 수필을 포기할 수는 없다. 2번은 내가 주인공인 인생극장의 마지막 무대 파트너이니까. 그와 더불어 커튼콜로 불러내는 갈채 소리를 함께 들을 수 있다면 얼마나 좋으랴.

나의 영원한 연인, 수필과의 만남에서 행복감을 느낀다. 문학단체 행사에 참가하여 여러 문인과 교류하면서 문학의 향기를 공유하고 문단 활동에 참여하는 기회도 많아졌다. 무엇보다 마음속에 담아두었던 하고 싶은 이야기들을 수필이란 이름으로 풀어내고 보니 가슴속이 후련하다. 글을 쓰는 재미에 속병이 도사릴 시간을 주지 않는다. 수필가라는 호칭도 덤으로 얻는 명예다. 여러 문학단체와 기관에서 원고 청탁을 받으면 기분이 우쭐해진다. 나의 글을 읽어주는 독자가 점점 늘어나고 있다는 증좌가 아닌가. 뒷방 늙은이로 한숨만 쉬고 있을 나이에 어쨌든 현역 수필가로 행세한다. '가(家)' 자가 붙으면 그 세계에서 일가를 이루었다는 뜻이니 명함에 수필가로 소개한다고 해서 과시욕이 지나치다고 하지는 않을 것 같다.

나의 연인도 과연 나처럼 생각할까. 고개가 갸우뚱 기울어진다. 감히 수필가라고 설레발치면서 으스대지 말라는 경고음이 귓전에 들려온다. 진정한 수필가라면 세상이 알아주는 명작수필 몇 편은 남겨야 되지 않겠는가. 나는 아직 그만한 명작을 쓰지 못했다. 쓰지 못한 것이 아니라 실력이 모자란다. 여러 문예지에 글을 싣고, 책을 내고, 문단 활동을 한다고 해서 바로 중견 수필가로 등극한다면 창작 예술의 본질을 그르치는 처사라고 생각한다. 수필가는 수필만 잘 쓰면 되지 그 외 활동이 많다고 해서 작품 수준을 높게 평가할 수는 없지 않은가. 그럼에도 연인을 붙잡고 키스를 하겠다고 덤벼드니 코웃음을 지으며 아직 멀었다고 더 두고 보란다.

 나는 아직 연인이 기대하는 작품 수준에 이르지 못하고 있다. 목표에 도달할 가능성이 점점 멀어지는 것 같아 불안하고, 연인도 언제 돌아설지도 모를 안타까운 시간이 가슴을 졸인다. 그를 붙잡으려고 신춘문예에 응모했다가 낙방했다. 당선작과 비교해 보니 나의 글은 정말 부끄러운 수준이다. 갑자기 절필이란 단어가 떠오른다. 하지만 지금까지 공들인 보람도 없이 그냥 포기할 수는 없지 않은가. 나의 마지막 연극무대에서 박수도 받지 못하고 쓸쓸히 퇴장하는 주인공이 되고 싶지는 않다. 연인을 붙잡고 목표를 달성할 때까지 함께 하자고 매달려 보리라. 그도 나와의 오랜 연인 관계를 잊지 못하고 쉽게 청산하려 들지는 않으리라 기대를 걸어본다.

 수필, 그대 연인에게 끝으로 하고 싶은 말은 '나를 붙잡아 주세요'다. 그대가 나를 믿고 기다려 주겠다고 약속하면, 나도 이 생명 다하는 날까지 그대가 원하는 수준에 이르도록 수필 쓰기에 안간힘을 쏟을 것이요. 그 노력의 성과가 헛되지 않아 언젠가 명작 탄생으로 환희의 기쁨을 맛보는 날, 그대를 힘껏 포옹하리라.

나는 누구인가

처음 만나는 사람과 인사를 나눌 때면 흔히 통성명을 한다. 성과 이름을 밝히고 나서 조금 더 대화를 나누다 보면 고향, 나이, 직업도 알게 되고 서로 알 만한 유명 인사와의 친분도 들먹인다. 이쯤 되면 '나는 누구인가'에 대한 기초정보가 상대방에게 전달되는 셈이다. 하지만 이 기초정보만으로 내가 누구인지를 상대방은 정확히 알지 못한다. 표면적인 나의 얼굴 인상만 그에게 각인될 뿐이다. 내면에 숨겨진 나의 본연의 모습은 전연 알지 못하니 누군가 나의 이름을 거론하며 이 아무개가 '어떤 사람이냐'고 묻는다 해도 어찌 대답할 수 있겠는가.

나에 대한 외면과 내면세계를 모두 밝히는 방법을 곰곰이 생각하다가 '미니 족보'를 만들기로 작심했다. 족보는 출생의 뿌리와 가계의 혈통을 자세히 기록한 가문의 보고이다. 누구나 이 세상에 태어나 이름이 지어지면 선택의 여지없이 성씨 본관이 확정되고 족보에 기록된 그 이름으로 평생을 살아간다. 우리나라에는 수백 개의 성씨마다 족보가 만들어져 가보처럼 보관하고 있지만 쉽게 읽을 수가 없어 활용도가 매우 낮다. 또한 책의 분량도 많고 모든 기록은 한문으로만 되어 있다. 이러한 기존 족보의 특성 때문에 어느 집에서나 제사 때 잠깐 펼쳐서 자손들에게 윗대 조상이 누구인지 알려주는 정도이다. 요즘 젊은 세대들은 본관이 어디인지, 자기 성씨 시조가 누구인지, 어느 파에 속하는지조차 잘 알지 못하는 경우가 많고 관심도 기울이지 않는다.

'미니 족보'는 이러한 폐단을 줄이고 활용도를 높이기 위하여 기존 족보형식에 따르지 않고 편집 출판하였다. 두 가지 면에서 획기적인 변모이다. 형식면에서 단권으로 압축한 소책자이다. 서재에 다른 책과 같이 꽂아두고 언제든지 쉽게 열어볼 수 있게 만들었다. 마치 한 권의 소설책과 유사하다. 또 내용 편집을 완전히 바꾸었다. 빽빽이 적힌 한문 대신 시각적으로 편하게 읽을 수 있도록 만들었다.

수십 대에 이르는 수많은 종친의 기록을 모두 배제하고 증조부까지 4대 직계 혈통만을 따로 뽑아 세밀하게 편집했다. 팔십 평생을 살면서 같은 시대를 살아온 가장 가까운 친척분들이다. 이분들의 특별한 삶의 자취가 남아 있는 가족사진과 글들을 모아 함께 실었다. 또 나의 본관 성씨 유래와 역사, 우리집 가족사를 자세히 기록하였다. 종친 문인들의 문학작품도 실었다. 부록으로 세계표, 연도별 가족 생졸표, 계촌법, 호칭법, 제사 지내는 법, 항렬 일람표 등을 곁들였다.

'미니 족보' 책 제목은 족보라는 단어 대신 『나는 누구인가』로 표기했다. 마치 소설이나 수필집 제목처럼 관심을 끌려는 의도였다. 이렇게 만들어진 '미니 족보'를 수백 권 인쇄하여 4대 친척 가족 집마다 무료로 배송했다. 대환영이다. 우리 가문에서 자랑할 만한 걸작품이 나왔다고 칭찬이 자자하다. 타성 사람들에게 이 책을 보여줬더니 이런 족보 책은 처음 보았다고 모두들 부러워하더란다. 이 책도 5년마다 변동사항을 새롭게 기록하고 관련 사진도 삽입하여 알찬 내용으로 계속 출판할 예정이다. 다음 세대 후손들이 이 사업을 이어받아 가문의 영광이 이어지기를 기대한다.

『나는 누구인가』에 대한 대답은 이 '미니 족보' 책 한 권으로 어느 정도 대신할 수 있으리라. 출생에서부터 지금까지 삶의 궤적을 고스란히 기록하고 있기 때문이다. 기록은 참으로 중요하다. 나라든 개인이든 기록이 없으면 흘러간 세월에 묻혀 모두 잊히고 만다. 동시대 인물이 모두 사라져 버리고 나면 남는 것은 기록밖에 없다. 이러한 의미에서 이 '미니 족보' 출판을 착상하고 실천에 옮긴 업적에 보람을 느낀다. 사실 이 책을 만드는 과정에서 애로도 많았다. 개인의 신분에 관한 기록이라 한 치의 오류도 허용되지 않는다. 친척 한 사람 한 사람과 수없이 통화하고 메일을 주고받으며 숨겨진 사진들을 찾아냈다. 족보 관련 기록들도 일일이 찾아서 대조하고 확인을 거듭했다.

물론 『나는 누구인가』를 밝히는 자료로 이 '미니 족보'가 완전할 수는 없다. 개인 자서전도 아니고 수많은 친척 가족분들의 인적사항과 살아온 내력을 단행본에 일일이 기록하는 데는 한계에 부닥칠 수밖에 없다. 한 인간을 평가하면서 표면에 드러난 기록만으로 단정해서도 아니 될 것이다. '그 사람이 누구인가'는 본인 자신이 가장 잘 알고 있다. 그다음으로 수십 년을 동고동락하며 함께 살아온 부모 형제와 가족이다. 그 외 학교 동문과 직장 동료, 사회생활을 하면서 만났던 지인들이다. 이들 모두 그 사람에 대한 평가 기준이 나름대로 머릿속에 남아 있을 것이다.

황혼 인생의 마지막을 아름다운 저녁노을로 장식하고 싶다. 향기로운 삶의 흔적을 후손들에게 전승하고 싶다. 이런 생각을 할 때마다 어느 순간 '나는 누구인가' 하고 깊은 상념에 빠지면서 나와 인연을 맺었던 뭇사람들이 나를 어떻게 평가할지 사뭇 궁금해진다. 나 자신의 과거를 되돌아보면서 반성과 후회와 참회의 시간을 보낸다. 어느덧 종착역이 가까워지고 있으니 이제는 어쩔 수 없이 악평이든 호평이든 그대로 가슴에 안고 떠날 수밖에 없지 않은가.

어느 소설가의 고향

지금까지 살면서 한 번도 가본 적이 없는 그곳에, 유명한 소설가가 자기 고향이니 한번 와 보라고 불러준다. 이 좋은 기회를 어찌 놓칠 수 있으랴. 서둘러 논산으로 출발하는 문학기행 버스에 올랐다. 논산이란 지명이 나의 머릿속에 각인된 정보는 딱 두 가지밖에 없다. '은진미륵'과 '육군훈련소'다. 은진미륵은 고교 시절 교과서에서 무척 큰 불상을 사진으로 본 기억이 남아 있고, 육군훈련소는 1950년 초 한국전쟁 당시 동네 젊은이들이 입영열차를 타고 입소하여 일정 기간 훈련과정을 마친 다음 처음 보내는 군사우편으로 알려준 그곳 소식이 전부다.

먼저 김홍신문학관에 도착했다. 넓은 공간에 멋지게 지었다. 전시 내용물도 알차다. 거금의 사재를 들인 이 문학관은 생존 작가 문학관으로서 전시실, 강의실, 집필실 등을 고루 갖추었다.

소설가 김홍신은 논산대건고 출신으로 동행한 이광복 소설가는 6년 후배란다. 작년에 임명된 교황청 한국인 최초의 장관 유홍석 라자로 추기경도 이 학교 출신이다. 같은 고등학교에서 두 사람의 유명 소설가와 추기경을 배출하였으니 논산의 자랑거리다. 김홍신 작가는 이미 고교 시절 교내 백일장에서 장원을 수상하여 작가의 재능을 드러내기 시작했고, 1968년 건대 국문과 재학시절에 단편소설 『맹인 수학여행』을 발표하여 남다른 재능을 보여주었다. 1976년 『현대문학』 2월호에 단편소설 「본전댁」이 추천되어 소설가로 등단한 이래 현재까지 방송인, 시민운동가, 국회의원, 교수 등 다양한 직책을 갖고 사회활동을 하면서 작가의 생애를 살아왔다.

1980년 부도덕한 사회 지도층을 풍자한 첫 콩트집 『도둑놈과 도둑님』은 높은 판매 부수를 기록하는 베스트셀러가 되었다. 1980년대 『인간시장(人間市場)』은 20권 분량의 장편소설로 김홍신의 대표작이다. 주인공 '장종찬'이 정치 권력, 검찰과 경찰, 종교집단, 재벌, 언론 등 온갖 부패한 세력과 수많은 부조리를 '현대판 홍길동'처럼 통쾌하게 응징하고 해결하는 과정을 담고 있다. 여기에 정다혜 기자와의 로맨스가 더하여 독자들의 공감과 지지를 얻었다. 이 소설은 560만 부 이상 팔려 대한민국 최초의 밀리언셀러란 신기록을 세우고, 이후 베스트셀러 개념을 백만 단위로 바꾸어 놓았다. 40여 년이 지난 지금까지도 회자되는 『인간시장』은 한국현대문학사의 신화로 자리매김하고 있다.

1982년 『바람 바람 바람』은 젊은 세대의 풍속도와 구세대의 세속적 욕망을 그린 작품이고, 1986년 『풍객』은 무당을 통해 샤머니즘을 추적하여 이 땅의 인간군상을 재조명하고 당시 세태를 풍자한 작품이다. 1999년 『우리들의 건달 신부』는 주인공 박호(朴虎)란 괴짜 신부를 통해 속세의 혼돈과 목마름을 세상 이야기로 풀어낸 작품이며, 2007년 『김홍신의 대발해』는 중국, 러시아를 10여 차례 방문하면서 발해의 건국, 영토정벌, 권력 찬탈, 지도층의 타락, 사랑과 배신 등 흥망성쇠를 그려 통일문화대상을 받은 작품이다. 2009년 『인생사용설명서』는 인생에 대한 일곱 가지 물음에 답하는 구성으로 삶의 메시지를 전해주는 작품이고, 2023년 올해『죽어 나간 시간을 위한 애도』는 집단에 의해 부당하게 낙인찍힌 한 인간의 고뇌와 용서를 다룬 작품으로 현재까지 모두 138번의 소설 작품을 발표하였다. 이 엄청난 창작활동은 상당수가 고향인 논산읍을 배경으로 쓰였다고 작가는 소회를 밝혔다.

  다음 들른 곳은 계백 장군 유적지다. 이곳에는 충혼의 숲, 백제군사박물관, 계백 장군 묘소가 있다. 계백 장군은 탄현을 넘어오는 신라군을 막기 위하여 황산벌에서 오천 결사대를 이끌고 신라 명장 김유신의 오만 정예군에 맞서 싸웠다. 계백은 전투를 위해 부인과 자식을 직접 살해했다고 한다. 네 번의 접전에서 신라군을 막아 내었으나 신라 화랑들의 용맹스러운 활약으로 사기가 꺾여 결국 최후를 맞았다. 현재 무덤은 계백 장군의 시신을 몰래 거두어 가매장 한 것이라고 한다. 계백은 의자왕 때의 무신으로 성충 홍수와 함께 남부여의 삼 충신으로 꼽힌다. 이광복 소설가는 소설 『불멸의 혼 계백』의 저자로 현장에서 직접 해설을 해 주셨다.

당시 문화 선진국이었던 백제는 나당 연합군의 공격으로 678년의 왕조 역사가 종지부를 찍었다. 당장 소정방은 수도 부여를 완전히 불태우고 이미 세워진 정림사지 오층석탑에 본인 공적을 기록한 데서 당평제비(唐平濟碑)라고 부르기도 한다. 중학교 시절에는 평제탑이라고 배웠다. 이 비문에 따르면 의자왕, 세 명의 태자, 대신과 장군 88명, 백성 12,807명을 당나라 수도 낙양으로 압송하였다고 한다. 인조의 삼전도비와 함께 우리 땅에 남겨진 치욕의 유적이다. 백제문화와 유물이 승자에 의하여 철저히 파괴되지 않고 현재까지 그대로 보존되었다면 백제에 대한 역사 인식은 크게 달라졌으리라.

다음 찾아간 곳은 천년고찰 관촉사다. 반야산 중턱 경내에 흔히 '은진미륵'이라고 일컫는 우리나라 최대의 석조미륵보살입상이 이곳에 있다. 거대한 불상을 좁은 경내에 세웠는데도 조금도 어색하지 않고 자연스럽다. 이 불상은 고려 광종 10년 반야산에서 나물을 뜯던 여인이 어디선가 아기 우는 소리가 들려 그곳으로 가보니 커다란 바위가 솟아 있어 관가에 보고하였다. 조정에서 논의한 결과 불상을 조성하라고 부처님께서 보낸 바위라 결론짓고 해명대사를 감독관으로 천거하여 37년간의 공사 끝에 완공하였다고 한다. 이 불상의 특징은 얼굴을 크게 강조하여 불공을 드리는 예배불로 만들어졌는데 이는 고려시대에 이르러 불교가 대중 신앙으로 발전하였음을 보여준다.

마지막으로 가본 곳은 탑정호수다. 넓디넓은 호수를 가로질러 가야곡면, 부적면을 연결하는 길이 600m의 동양 최대 출렁다리다. 이 다리는 내진설계 1등급을 받은 튼튼한 다리로 5,000명을 동시에 수용 가능하며 초속 60m 강풍에도 견딜 수 있게 설계되어 보다 안전한 관람을 즐길 수 있다. 출렁다리에서 바라보는 아름다운 저녁노을이 장관이다. 다리 전체를 스크린 삼아 각양각색의 레이저 쇼, 분수 쇼 등 볼거리 행사가 주기적으로 열리고 있었다.

하루 일정으로 둘러본 논산의 명소 자랑은 이것뿐이 아니다. 논산 11경으로 유명한 대둔산 수락계곡, 쌍계사, 개태사, 강경포구와 근대역사 거리, 노산산성과 명재고택, 세계유산 돈암서원, 선사인랜드, 종학당과 한국유교문화진흥원도 빼놓을 수 없는 관광명소다. 또 산이 보이지 않는 드넓은 논산평야는 보기만 해도 배가 부르다. 축복의 땅, 논산에서 보낸 하루는 즐거운 시간이었고 소중한 추억을 가슴에 남겼다.

외로운 여자

　그녀의 수필 한 편이 나의 가슴에 깊은 울림을 남겼다. 뒤통수를 한 대 얻어맞은 느낌이다. 동해안 기차 여행을 하고 나서 쓴 그녀의 수필을 두 번 세 번 읽으면서 감동의 여운이 가시지 않고 독후감이라도 남겨야겠다는 충동을 받았다. 동료 문인의 쓴 글을 읽고 선뜻 나의 소감을 피력한다는 것이 자칫 옷자락 넓은 소행으로 비치지 않을까 주저하였지만, 그녀의 글솜씨에 매료된 감정을 억누를 수는 없었다.
　그녀는 자신의 일상이 궁상맞고 쓸쓸한 정서라고 스스로 독백을 쏟아낸다. 해 질 녘 냇가에 혼자 남겨진 신세라고 자탄한다. 공모에 응했던 글이 허망하게 깨어지고 시력마저 나빠지면서 일상이었던 글쓰기가 버거워졌다고 했다. 무기력해진 자신을 신체나마 달구어 보려고 탁구장을 찾아 녹초가 되도록 운동을 했지만 그것으로 끝이었다. 오히려 탁구 치던 여자가 "가늘고 조용한 분"이라고 말했을 때, 무심히 들리지 않고 자신의 존재감마저 위축된 어감으로 자학하려 든다. 집에 돌아와 거울에 비춘 자신의 모습을 보면서 눈 밑이나 뺨에 드러난 나이의 흔적은 어쩔 수 없이 받아들이고 있지만, 영혼이 떠도는 듯한 눈빛에서 그녀는 한숨을 쉬고 말았다. "얼마나 더 외로워해야 함몰되는 눈이 멈추어질까"라고 탄식한다.

여기서 그녀는 속내를 드러냈다. 한물간 인생의 원인을 쌓이는 연치보다 '외로움'에서 찾고 있다. 외로워서 글을 쓰고, 책을 읽고, 여행하고, 먹거리를 찾아 나서겠다고 했다. 식어가는 심장을 데우고 처진 어깨를 세우며 기쁨과 슬픔을 담아내는 그런 눈빛을 다시 찾겠다고 다짐한다. 그리하면 끓는 물에 데친 시금치처럼 세상에서 겉도는 사람이 되지 않고 외로움을 이겨내는 강한 여자로 바뀌리라 확신한다. 당장 할 수 있는 실천 방안으로 탁 트인 자연공간에서 청신한 공기를 마시며 까닭 없는 외로움과 정면으로 맞서기로 했다. 자신을 다듬질하고 자극을 받을 수 있는 바닷가 기차 여행을 외로움의 탈출구로 결심했다.

답답한 일상에서 벗어나는 단골 메뉴는 기차 여행이 제격이다. 동반자 없이 홀로 떠난 그녀의 유일한 벗은 박연준의 산문집이다. 책의 제목은 『인생은 이상하게 흐른다』로 밑줄을 그으며 글의 의미를 새기고 사색하는 그녀의 모습이 멋진 그림으로 다가온다. 외로움을 달래려고 선택한 낭만 여행이 좋은 수필을 쓸 수 있는 계기가 되었다. 여행에서의 풍경과 그리움을 글로 옮겼다. 늘어나는 문장은 외로움의 친구가 되고 자유로운 영혼이 되어 이제는 혼자여도 겁나지 않는다고 다잡은 마음을 실토한다. 정호

승의 시어처럼 '외로우니까 사람이다'라고 한다면 그 외로움 자체를 숙명으로 받아들이겠다고 마음을 비운다.

그녀는 외로움에 시름겨워하다 훌쩍 떠난 기차 여행에서 마음속에 쌓인 근심을 털어내고 삶의 방향도 다시 설정하는 효과를 거뒀다. 여행이란 특효약이 그녀를 새 사람으로 만들어 귀가하게 만들었다. 그 감격의 느낌을 섬세하고 서정에 넘치는 필치로 멋진 수필 한 편을 빚어냈다. 일반적인 여행기와 달리 문학성이 뛰어난 글이라 수필의 진수를 느낄 수 있었다. 한 문장도 허투루 쓰지 않고 숨은 뜻을 상상하게 만드는 필력이 나의 마음을 사로잡았다. 관념적인 단어도 거의 보이지 않고 쉬운 우리말로 자신의 소회를 담담하게 풀어놓았다. 직접 표현하기보다는 우회하고 비교하고 의미를 부여하는 문장구성 기법이 돋보인다.

그녀의 글과 나의 글을 비교해 보았다. '수필답다'는 판단이 나보다 우위에 있음을 단번에 알 수 있었다. 나의 글이 수필 과녁에 근접하지 못하고 있다는 자책감으로 늘 고민해 왔는데, 이번 그녀의 글로 충격을 받았다. 문학성이 앞서는 그녀의 글은 더 다듬어서 '신춘문예'나 문학상에 응모하면 당선 가능성이 높다고 여겨져 권유하고 싶다. 나도 몇 년 전 문학 국가고시라 할 수 있는 '신춘문예'에 응모했다가 예심에도 들지 못하고 낙방한 사실이 있다. 나의 졸작에 비하여 당선작들은 하나같이 평가자의 마음에 쏙 들게 월등히 우수한 작품들이었다. 나보다 늦게 문단에 나온 직장 후배는 문학상 사냥꾼이라고 불릴 만큼 각종 문학상을 수상하고 상금도 두둑이 받았다. 나의 희망 사항은 언제 이루어지려나.

　프랑스 뷔퐁은 '글은 곧 사람이다'라고 하였다. 글을 읽으면 그 사람이 보인다. 글 속에 쓴 사람의 가치관, 인품, 지식, 프로필이 모두 드러나기 때문이다. 그녀의 글을 읽으며 일상으로 글쓰기를 해 온 실력이 잠재되어 있음을 짐작할 수 있었다. 평소 말수가 적고 깊이 사색하는 태도가 좋은 글을 쓸 수 있는 바탕이 되었으리라. 그녀와 거리낌 없이 대화하며 나의 글과 다른 점을 배우고 싶지만, 말 걸기가 조심스럽다. 탁구장 여인과 또 기차에서 모르는 여인의 말 한마디에 그녀가 느끼는 감정 표현은 모두 '외로움'에서 오는 반응으로 보인다. 그 외로움 때문에 그녀가 오랜 시간 방황했던 마음의 행로는 이제 종착점에 이르렀다. 여행길에서 돌아와 외로움을 친구삼아 숨 쉬듯 자연스럽게 살기로 하였으니 얼마나 다행한 일인가.

　외로움은 더 이상 부끄러운 일이 아니다. 누구에게든 외로운 시간이 없겠는가. 살아간다는 것은 외로움을 견디는 일이다. 누군가 그녀의 '외로움의 몸짓'에 연민의 정을 느끼고 촛불을 밝혀주면, 더 좋은 글을 쓸 수 있는 절호의 시간을 맞이하리라. 글을 쓰고 있는 시간에는 외로움이 끼어들지 못한다. 오히려 행복하고 즐거운 시간이다. '외로운 여자가 아름답게 보인다.'라고 노래한 최양숙의 「가을 편지」를 들려주고 싶다.

가죽피리

　중학교 다닐 때 학기말 시험시간에 있었던 일이다. 답안지를 쓰느라 조용한 교실에서 한 학생이 그만 '뽕' 하고 방귀 소리를 크게 내고 말았다. 오토바이 출발 소리 같은 굉음에 반 학생들 눈길이 소리 나는 곳으로 쏠렸다. 옆에 앉은 학생이 지독한 냄새에 손으로 코를 틀어막으며 가스를 배출한 학생의 옆구리를 찔렀다. 아마 그 학생은 아침에 급히 먹은 보리밥 부작용으로 어쩔 수 없이 가스를 방출하였으리라. 보리밥은 다른 곡식으로 지은 밥보다 유달리 방귀 횟수가 잦다. 그 당시는 어느 집에서나 보리밥을 주식으로 배를 채웠으니 누구에게나 잦은 방귀는 참을 수도 없는 생리현상으로, 방귀를 뀔 때마다 사람들이 많은 장소에서는 타인의 눈치를 봐야 했다.

　읍내 중고등학교까지 6년간 30리 길을 통학하면서 친구들과 방귀 시합을 하곤 했다. 모두들 이른 아침에 후다닥 먹은 보리밥 때문에 걸어가면서도 방귀가 저절로 나오는 시간대였다. 시합 종목은 두 가지였다 한 종목은 일부러 항문 쪽에 힘을 주어 방귀 소리를 제일 크게 내면 1등이고, 또 한 종목은 항문 근육을 조절하여 방귀 횟수가 제일 많으면 1등으로 뽑혔다. 두 종목 모두 꽤 난이도가 높은 게임이다. 1등으로 뽑힌 친구는 그날 하루 방귀 대장으로 친구들을 부려먹는다. 친구 점심 도시락에서 달걀과 반찬을 마음대로 먹을 수 있는 엄격한 규칙 때문에 기를 쓰고 1등을 하려고 요령을 부렸다. 사실 그 요령도 상당한 연습을 하지 않으면 실패를 거듭하기 마련이다. 그때 시합 이름을 '가죽피리'라 하였는데, 방귀 소리를 악기 이름으로 작명하여 유치한 장난을 위장하였으니 가소로운 일이다.

　나는 그 시절에 할머니께서 들려주신 재미있는 이야기를 지금도 기억하고 있다. 옛날 어느 부잣집에서 새 며느리를 들였는데, 얼마 지나지 않아 신부의 얼굴이 병색으로 초췌해져 갔다. 이를 살펴본 시아버지가 며느리에게 그 이유를 물었더니 의외의 대답이 나왔다. "시집올 때 시어른 앞에서 절대로 방귀를 뀌어서는 아니 된다는 친정어머니의 충고를 지키려다 보니 저도 모르게 이렇게 되었습니다." 하며 눈물을 흘렸다. 크게 놀란 시아버지는 "알았다. 부끄러워 말고 이 자리에서 그동안 참았던 방귀를 모두 쏟아 내거라." 하고 채근하였다. "죄송합니다. 아버님, 그럼 방문고리를 꽉 잡아주소서." 하고는 방문이 덜커덕덜커덕하도록 거센 독가스를 내뿜었다. 다음 날부터 그 며느리는 완전히 안색이

밝아지고 건강을 회복했다는 이야기다.

또 옛날, 이제 막 첫날밤을 치른 신랑 신부가 있었다. 그런데 그만 신부가 신랑 앞에서 방귀를 뀌고 말았다. 신랑은 화가 나서 한참을 생각하다가 자기 집으로 돌아가 버렸다. 그때 마침 신부에게는 태기가 있어 열 달 후 사내아이를 낳았다. 세월이 흘러 아이가 열 살이 되었을 때 어머니에게 아버지가 없는 이유를 물었다. 어머니는 사실대로 얘기해 주었다. 아이가 가지씨를 들고 아버지를 찾아가 신분을 밝히고 말했다. "아버지, 방귀를 한 번도 안 뀐 사람이 이 가지씨를 저녁에 심으면 다음 날 아침에 따 먹을 수 있습니다."라고 하였다. 아버지는 대뜸 "방귀를 한 번도 안 뀌고 사는 사람이 어디 있느냐"고 큰 소리로 내질렀다. 이에 아들이 "그럼 아버지는 왜 어머니를 버리셨어요" 하자, 아버지는 크게 뉘우치고 세 가족이 다시 합쳐 행복하게 살았다는 이야기다.

또 자유당 시절 이승만 대통령이 광나루에서 낚시를 하던 중에 방귀 소리를 냈다. 옆에 있던 이익흥 내무부장관이 "각하, 시원하시겠습니다."라고 한마디 하였다고 한다. 당시 야당 의원이 국회에서 아부하는 장관이라고 비꼬는 발언을 하면서 이 한마디가 두고두고 '아부의 대명사'로 언론과 사람들의 입에 오르내렸다. 위의 이야기들은 모두 황당한 유머이고 해프닝이지만 방귀 뀌는 시간도 때와 장소에 따라 조절이 필요한 매너임을 일깨워 주고 있다.

요즈음 TV 뉴스를 시청하다 보면 '방귀 뀐 놈이 성낸다.'는 속담이 상기될 때가 있다. 제가 잘못하고도 적반하장(賊反荷杖)으로 상대에게 덮어씌우는 정치인을 본다. 그는 과거 지자체 책임자로 있을 때 자기 권한 내의 중요한 결정문서에 최종 결재를 하고도 정부 협박에 의하여 어쩔 수 없이 결재했다고 생떼를 쓴다. 방귀 뀐 놈이 고개를 숙이지 않고 오히려 역공을 한다. 방귀를 뀌었으면 옆 사람에게 미안한 마음이라도 가지고 자숙하는 자세가 인간의 기본도리가 아니겠는가. 정치 뉴스에서 받는 스트레스로 국민들의 불안한 마음이 가중되고 있다. 방귀를 뀌고도 오리발을 내미는 그들에게 방귀 냄새보다 몇 배나 더 강한 스컹크의 끔찍한 냄새를 분사하여 국민들의 한숨 소리를 들려주고 싶다.

방귀는 체내 공기를 배출하는 자연스러운 생리현상이지만, 방귀가 너무 잦거나 냄새가 독하거나 소리가 너무 크면 소화 과정에 문제가 있음을 알려주는 신호다. 가스양은 먹는 음식과 생활 습관에 따라 조금씩 다를 수 있지만, 인간은 하루 평균 1000CC, 15회 정도를 배출한다고 한다. 방귀가 자주 나오는 가장 큰 이유는 소화불량이다. 위장에서 소화가 제대로 안 되면 음식물이 부패하여 가스가 많이 발생한다. 다음으로 음식을 빨리 먹거나, 탄산음료를 섭취하거나, 세균에 감염되거나, 불규칙하게 식사하거나, 식사 후 바로 눕는 습관이 원인이라고 한다. 나이 들어가면서 점점 소화 기능이 떨어지니 방귀가 잦아지고 냄새가 고약

하다. 어쩔 수 없이 수시로 배출하다 아내에게 핀잔을 듣기가 일쑤다. 식사 중에 실례를 하면 아내는 밥그릇을 들고 자리를 옮겨버린다. 때로는 냄새가 지독하다고 한겨울에도 창문을 활짝 열어젖힌다.

  방귀를 글자 수로 압축한 재미있는 표현을 옮겨 적어본다. 한 글자 - 뽕, 두 글자 - 방귀, 세 글자 - 똥 트림, 네 글자 - 가죽피리, 다섯 글자 - 화생방 경보, 여섯 글자 - 골짜기의 함성, 일곱 글자 - 계곡의 폭포 소리, 여덟 글자 - 쌍바위골 비명 소리, 아홉 글자 - 내적갈등의 외적표현, 열 글자 - 보리밥의 이유 없는 반항이다. '가죽피리'는 청소년 시절에 친구들과 수없이 중얼대던 단어이고, 가장 그럴듯한 표현은 '내적 갈등의 외적 표현'이다. 길게 설명할 것도 없이 '방귀란 무엇인가'를 꼭 집어 익살스럽게 표현한 단어들이 미소를 머금게 한다.

한 많은 보릿고개

 가끔 아내와 함께 서삼릉 태실 앞 보리밥집을 찾아간다. 꽤나 맛집으로 알려져 손님이 늘 붐빈다. 보리밥에 여러 가지 나물을 넣고 고추장에 비벼 먹는 맛이 별미다. 코다리 안주에 좁쌀 막걸리 한잔을 곁들이면 진수성찬이 부럽지 않다. 청소년 시절에는 보리밥을 주식으로 끼니를 때웠는데, 이 음식은 유달리 방귀가 잦은 부작용으로 옆 사람의 눈총을 받기도 한다.
 중고등학교 시절 읍내까지 30리 길을 통학하면서 몇 번 방귀를 뀌고 학교에 도착하면 볼록하던 뱃가죽이 수평으로 펴지고 벌써 배가 고프기 시작한다. 점심시간에 얼른 도시락 뚜껑을 열어보면 거무스름한 보리밥 한쪽에 꾹 눌러 넣은 감자가 보라색으로 염색이 되어 있어도 허겁지겁 퍼먹었다.
 그 시절 보리밥 추억 따라 오늘도 왕릉 산책을 하면서 보릿고개 어원을 아내에게 들려준다. 지난해 수확한 곡식은 떨어지고 올해 보리는 아직 여물지 않아 농촌의 식량 사정이 가장 어려운 이른 봄부터 초여름까지 시기를 보릿고개라 불렀다. 실체가 없는 이 고개가 태산보다 높아 얼마나 넘기 힘든 고개인지 그 당시를 살아온 세대는 뚜렷이 기억하고 있으리라.

 8.15해방 후 1960년대까지 연례행사처럼 춘궁기를 겪었다. 가수 진성이 부른 「보릿고개」노래는 당시 실상을 일깨워 준다. "주린 배 잡고 물 한 바가지로 배를 채우고, 배 꺼진다고 아이에게 뛰지 마라"는 가사가 가슴을 울린다. 굶주림으로 모유가 나오지 않아 우는 아기를 달래면서도 편지 들고 온 나그네의 점심 걱정을 해야 하는 어머니 심정이 오죽이나 난처하였을까. 초근목피로 겨우 연명을 하고 살았던 그 시절 농촌의 어머니들은 한숨과 눈물로 한 많은 보릿고개를 넘고 또 넘었다.

 우리 어머니도 구황방(救荒方)의 달인이셨다. 흉년에 곡식 대신 먹을 수 있는 감자, 고구마, 옥수수, 메밀, 송기, 봄나물 등 구황작물로 허기진 배를 채울 수 있는 먹거리를 만들어 내는 솜씨가 놀라웠다. 고질적인 보릿고개 난제가 완전히 해결된 것은 1961년 5.16 당시 '기아선상에 놓인 국민'을 구제하겠다는 혁명공약이 발표되고, 국가 최고 통치자의 결단과 강한 추진력으로 밀어붙인 새마을 운동, 수출 증대, 경제개발 계획이 성공을 거두면서다. 10%대 고도성장을 바탕으로 비약적인 발전을 거듭하면서 경제 강국으로 도약하여 오늘의 풍요를 누리고 있다.

 이제 한국에서 보릿고개는 옛말이 되었다. 하지만 국토의 반쪽

북한은 계속되는 기근으로 그 옛날 보릿고개 상황이 재연되고 있다. 이 설움 저 설움 다해도 배고픈 설움에 비할 수 있으랴. 북한 탈북자가 늘어나고 그들이 증언하는 아사 참상을 들었을 때, 먹는 문제가 인간의 생존 조건으로 첫째임을 누구도 부인하지 못하리라. 북한 땅에서 '고난의 행군' 시기에 300만의 아사자가 발생했다니 정말 끔찍한 일이다. 동네마다 시체가 널리고 아사자가 속출하는 목불인견(目不忍見)의 참상에서 이념 고수나 당에 대한 충성이 무슨 의미가 있겠는가. '고깃국에 쌀밥'은 허망한 꿈으로 사라지고 견디다 못해 중국으로 건너가 몸을 던져 연명하기도 한다니 목구멍이 포도청이다.

휴전선을 경계로 남북한 위성사진을 비교하면 남한의 울창한 산림에 비하여 북한은 대부분의 산이 벌거숭이 민둥산이다. 인민들이 굶주림에 시달리다 못해 소나무 껍질을 모두 벗겨 허기를 달랬으니 나무들이 모두 말라죽은 것이다. 한국은 대통령의 강력한 정책 의지로 산림녹화에 성공하였다. 당시 산불이 나면 해당 지역 군수를 해임시켰다.

곧 이 겨울이 지나면 따뜻한 봄기운이 겨우내 얼어붙었던 대지를 녹이고, 온갖 풀꽃들이 그 대지 위에 파릇파릇한 새싹으로 예쁜 그림을 그리기 시작하리라. 사계절 중 특별히 봄철이 기다려지는 것은 혹한의 겨울을 견뎌낸 안도감과 새 희망으로 일 년을 출발하는 계절이기에 누구나 부푼 가슴을 안고 반긴다. 그럼에도 춘래불사춘(春來不似春)이란 고사 시구가 먼저 떠오르는 것은 나만의 생각일까. '봄은 왔건만 봄 같지 않다'는 뜻으로 상황이 좋아졌음에도 그렇지 못한 경우를 빗대어 은유적으로 표현한 시구다. 이 시구의 유래가 된 왕소군(王昭君)의 애달픈 사연을 내몽고 호화호특에 서 있는 그녀의 동상 앞에서 다시 확인할 수 있었다. 1,400여 년 전 당나라 시인 동방규(東方虯)가 봄을 맞이하면서도 그리 즐겁지 않은 나의 마음을 어떻게 미리 예견하고 읊었을까. 망구(望九)의 나이에다 언제 병마로 쓰러질지 알 수 없는 두려움이 봄맞이 기쁨에 어깃장을 놓는다.

또 입춘이 지나도 아직 꽃샘추위가 남아 있고 코로나 괴질도 끝나지 않은 상황이 자꾸만 마음에 걸린다. 나이 숫자로는 이미 열외인간의 대열에 서 있다. 앞으로 몇 번의 봄을 더 맞이할 수 있을는지 초조한 마음을 감출 수 없고, 또 병마와의 마지막 싸움도 패전의 기미가 보인다. 허리 협착증, 전립선비대증, 어지럼증 등 노인성 질환으로 기력이 쇠퇴하여 항복할 날이 가까워지고 있다. 계절로 치면 겨울 인생이다. 아무리 발버둥 쳐도 다시는 봄철 인생으로 돌아갈 수 없고, 영원한 동면에 들어가야 한다. 보릿고개를 마지막으로 경험한 우리 세대는 이제 떠나야 할 시기가 다가오고 있다. 그래도 전분세락(轉糞世樂)이라 하였으니 단 하루라도 이 세상에 남아서 그리운 사람을 만나고, 맛있는 음식을 먹고, 아름다운 자연을 즐기고 싶은 마음이 굴뚝같지만 어디 내 마음대로 될 일인가.

가끔 인생살이의 번민을 잊으려고 동네 카페 '겨울이야기' 구석 자리에 앉는다. 커피 한잔의 사색을 즐기며 로댕의 '생각하는 사람' 조각상처럼 깊은 상념에 빠진다. 고난의 세월을 함께한 사랑하는 가족들의 얼굴이 클로즈업된다. 절친했던 학교, 직장, 친구들을 만나 그들의 살아온 이야기를 들어보고 싶다. 내가 주연한 연극무대는 이제 커튼을 내려야 할 시기다. 어느새 뜨거운 커피잔이 싸늘하게 식어버렸다.

문학관을 기다리는 마음

 오랜 숙원이었던 국립한국문학관이 드디어 은평 뉴타운 북한산 기슭에 세워진다. 옛 기자촌 넓은 부지에 4,500평 규모의 멋진 건물이 2026년 개관을 목표로 차근차근 추진되고 있다. 은평마을에 20여 년을 살면서 문학관 유치 활동에도 참여한 바 있다. 어느 날 불광동 네거리에 걸린 유치 확정 현수막을 보고 가슴이 설렜다. 얼마나 애타게 기다리던 희소식인가.
 그간 정부의 공모 절차에 따라 여러 지역이 경쟁을 벌여 가슴을 졸였으나 엄격한 심사기준에서 제일 앞선 은평 기자촌 근린공원이 최종 선정됐다. 설립추진위원회의 심사기준은 대표성, 상징성, 확장성, 접근성, 국제교류 가능성, 평화 지향성 6개 항목으로 마지막 평화지향성은 평화와 상생의 가치를 높이고 통일문학사를 준비한다는 의미에서 추가되었다고 한다. 공모에 응한 26개 후보지를 대상으로 심사를 하였다. 서울역 자리, 파주시 출판단지, 은평구 기자촌 근린공원 부지, 파주시 헤이리 부지 등 4개 부지는 추진위원들이 직접 방문하여 제반 여건을 확인하고 심도 있는 토의와 심사를 거쳤다.

우리 지역에 국내 최초로 국립한국문학관이 건립된다는 사실은 그 의미가 매우 크고 은평 구민들에게는 최고의 경사다. 문학관 유치확정 소식은 그동안 혼신의 노력을 기울인 은평구청과 은평지역 문학단체 회원들에게 한바탕 파안대소(破顔大笑)할 수 있는 큰 기쁨을 안겼다. 은평구 후보지는 현대사의 유명 문학인과 많은 언론인이 거주했던 지역으로 다른 지역에 비하여 이미 문화예술 인프라가 구축된 곳이다. 정지용 시인을 비롯하여 김훈, 이호철, 최인훈, 신달자, 황순원, 조정래 등 내로라하는 문인들이 이곳에서 왕성한 문학활동을 펼쳤으며, 지금도 400여 명 가까운 문사들이 창작활동을 하고 있는 문학마을이다.

또한, 천년고찰 진관사를 비롯하여 은평한옥마을, 역사박물관, 삼각산 금암미술관, 사비나미술관, 한국고전번역원, 한문화체험시설, 서울기록원 등이 자리 잡고 있으며 통일박물관과 이호철문학관이 설립될 예정이다. 또 국립한국문학관 개관과 연계하여 문학관 부지 아래 '예술인마을'을 조성하고 문학관 진입로 사거리에는 전철 신분당선을 연장하여 기자촌역을 설치할 계획이라고 한다. 장차 이 지역은 한국 문학의 메카로서 세계적인 명소로 알려지면 한국인 최초 노벨문학상 영광도 안겨주는 본사(本事)의 역할을 할 것으로 기대한다.

국립한국문학관은 우리나라를 대표하는 문화예술 기관이다. 추진위는 2018년부터 현재까지 법인 설립, 정관, 조직, 임원, 심벌마크 절차를 모두 마무리하고 개관 준비에 박차를 가하고 있다. 사무실은 서울 은평구 수색로 은평문화원 건물에 임시 둥지를 틀었다. 초대관장 염무웅 씨에 이어 2대 관장으로 문정희 시인이 부임하였다. 부지 확보는 SH공사로부터 기부채납을 받았으며 투입되는 총예산은 600억 원이다.

건물 공사는 국제공모 당선작 '문학빌리지'를 '디앤비건축설계사무소'에서 설계를 완료하고 내년 상반기에 착공하여 2026년 상반기에 준공 예정이다. 문학관 건물의 설계, 시공, 준공 과정은 모두 문화체육관광부가 주관한다. 시설 건립 못지않게 자료 수집과 문학관 콘텐츠 구축이 중요하므로 2018년 9월 국내 대표문학 소장가로 알려진 고(故) 하동호 교수의 소장 자료 55,000여 점을 기증받았다. 이 기증자료에는 국내 유일본인 채만식의 『탁류』 초판본, 박태원의 『소설가 구보씨의 일일』 초판본, 한설야의 『탑』 초판본 등이 포함되어 그 가치가 높은 것으로 평가받고 있다. 2019년 법인을 설립한 이래 멸실 위기의 희귀자료 85,000여 점을 수집하였으며, 또 2019년 3월에는 고 김윤식 선생 유산 30억 원 기부 협약식을 가졌다.

국립한국문학관은 2019년 설립 취지문에서 한국 문학 진흥을 도모하는 집합체이자 문학 유산들을 후대에 전하는 매개체 역할을 수행한다고 선언하였다. 이러한 취지에 따라 도서관, 기록관,

박물관 기능을 모두 제공하는 복합 문화공간으로 꾸며진다. 고대부터 근현대까지 나라 안팎에서 한국인의 정체성을 지키는 문학 자료를 총망라하고, 유실 훼손되고 있는 원본자료를 체계적으로 수집 보존한다. 오프라인 전시 외에 DB사업을 구축하여 디지털 온라인 기능을 구현하고, 미래 세대를 위한 상징 공간으로서의 문학관을 지향한다. 또 지역문학관과 연계한 협력 사업을 추진한다. 개관에 앞서 몇 차례 학술대회를 개최하였으며, 청와대 춘추관에서 「이상, 염상섭, 현진건, 윤동주 청와대를 거닐다」란 주제로 특별전시회를 가졌다. 또 이달부터 3개월간 은평역사박물관에서 「삼국의 여인들, 새로운 세계를 열다」란 주제로 문학관의 대표 소장 자료인 『삼국유사』를 소개하고, 삼국의 여인들을 재조명하는 전시회를 갖는다.

  나는 국립한국문학관 아름다운 건물이 하나의 예술작품으로 기자촌 옛터에 자리 잡는 그 날을 그려본다. 그야말로 명당의 입지 조건을 갖추고 있다. 뒤 배경은 한 폭의 그림 같은 북한산 봉우리가 감싸고 있고, 이미 잘 다듬어진 근린공원은 야외 학술 강연이나 시 낭송 마당으로 최적의 장소다. 바로 연결되는 북한산 둘레길을 걷는 사람들도 이 멋진 건물과 주변 경관에 매료되어 그냥 지나치지 못하리라. 전문가가 아닌 나의 안목에도 제대로 자리 잡은 '문학빌리지'로 여겨지는데, 만약 이곳이 선정 심사에서 탈락되었더라면 두고두고 아쉬운 마음에 한숨이 길어질 뻔했다.

이제 은평 하면 '문학마을'이란 브랜드가 자리잡히면서 국내는 물론 전 세계 유명 작가들의 발걸음이 잦아질 것으로 예상된다. 문학관 개관 기념식 날, 노벨문학상 작가들이 초청되면 그분들과 기념사진을 찍어 동료 문인들에게 자랑하련다. 늦깎이로 글 쓰는 일에 몰두하면서 우리 은평지역에 문학의 전당이 오롯이 자리 잡는 그 날을 설레는 마음으로 기다린다.

꽃말이 '기다리는 마음'인 원추리꽃이 피는 계절이다. 여름 해 질 녘에 피기 시작하여 야밤에 짙은 향기를 내며 만개하는 원추리꽃을 보고 있노라면, 떠나가신 어머니 생각이 떠오른다. 어머니의 일생은 그 삶 자체가 한 편의 인생 드라마로 문학의 토양이 되어 나에게 유산으로 남겨주셨다. 드디어 북한산 자락에 국립한국문학관이 문을 여는 날, 어머니를 다시 만난 듯 감격에 겨워 더덩실 춤을 추리라.

2

위대한 도둑

위대한 도둑

"첫 키스를 어디서 했어?"
"효창공원에서 했다."
"그때가 언제냐?"
"대학교 2학년 때다."

오랜만에 모인 대학 동창회에서 옆에 앉은 여자 동기생에게 돌발질문을 했다. 처녀 시절의 부끄러움은 온데간데없고 키스 따위가 별거냐는 반응이다. 무정한 세월이 여자의 수줍은 심성을 통째로 앗아가 버렸구나, 생각하니 키스 말만 들어도 가슴 설레던 시절이 그리워진다.

그녀가 잘생기고 공부 잘하는 다른 과 반장과 결혼한 사실을 이미 알고 있기에 놀림감이나 만들어 주려고 돌아오는 지하철에서 동기회 단톡에 바로 까발렸다.

"60년 만에 밝혀진 비밀을 공개한다. 칠 공주 여학생 중 누구는 효창공원에서 남학생과 키스를 했다네. 알나리깔나리 누굴까~요?"라는 문자를 날렸다.

단톡방이 갑자기 뜨거워졌다. "까톡, 까톡" 댓글 신호음이 연달아 울린다. 제일 먼저 미국에 사는 C가 "나는 아니에요, 효창공원에 가본 적도 없어요." 또 S는 "누군지 감이 잡히지 않네요." 하면서 결백을 주장한다. 통신행정과 50여 명 재학생 중 여학생은 모두 7명으로 칠 공주라 불렀는데, 남학생들의 관심이 그녀들에게 집중됐다.

그중에서 가장 예쁜 여학생이 바로 키스 주인공으로 남학생들의 데이트 상대 1호였다. 그날 나에게 첫 키스 경험을 솔직히 털어놓으면서도 내가 단톡에 띄울 줄은 미처 예감하지 못했으리라. 곧이어 키스 주인공의 전화를 받았다. 다짜고짜 앙칼진 목소리가 귓전을 때린다. "야! 그렇게 할 일이 없어? 단톡에 올려 사람 망신 주려고 작정했니? 사과 안 하면 가만 안 둘 거야!" 하면서 핏대를 세운다. 스스로 실토한 사실을 추억거리로 단톡에 올린 건데, 성질을 부리니 난감했지만 여자의 자존심을 지키려는 본능이라 여겨져 더 이상 놀리지 않겠다고 꼬리를 내렸다.

몇 년 전 TV에서 어느 유명 영화감독이 키스 장면 에피소드를 얘기했다. 신성일 엄앵란 두 남녀 주인공이 청평호 보트 위에서 키스 장면을 연기하는데 감독이 "캇!" 했는데도 두 배우는 떨어지지 않았다. 연기에 몰입하여 감독이 "캇!" 소리를 듣지 못했는지 아니면 연기를 핑계 삼아 키스의 쾌감을 마음껏 즐기려 했던 것인지 알쏭달쏭하였다고 당시 상황을 털어놓았다.

 그 후 두 배우가 실제 결혼하는 것을 보고 그날의 키스 장면은 연기 아닌 연인 간의 키스였음을 뒤늦게 알았다고 한다. 연기로 시작된 키스가 연인 간의 키스로 발전하고 결국 결혼까지 성사되었으니 키스의 묘미는 보이지 않는 마력이 작용하는 것 같다. 사람의 마음을 녹이는 묘약이다.

 아무리 연기라도 남녀 간의 실제 입맞춤은 맥박수가 올라가기 마련이다. 젊은 미남 미녀가 연기로 키스를 하면서 서로 묘한 감정에 빠져 자연스럽게 연애를 하게 되고 결혼까지 한 커플들이 많아 그들의 러브 스토리가 화젯거리로 등장한다. 그러니 키스만 잘해도 출셋길이 열리고 여자의 마음을 사로 잡아 꽃길을 걸을 수도 있으니 키스의 기술을 익히고 볼 일이다. 하지만 가르쳐 주는 교사도, 배우는 학원도 없는데 어떻게 키스의 달인이 될 수 있단 말인가. 키스의 미학(美學)을 가르치는 강좌를 개설하면 뭇 사람들이 떼로 몰려올 것 같은데, 돈도 벌고 인기스타로 등장할 수 있지 않을까. 하지만 아직은 부담 없이 '스킨십'을 할 수 있는 파트너나 연인과 교제하는 과정에서 스스로 터득하는 길밖에 달리 방법이 없을 것 같다.

 로맨스의 상징 키스에도 신체 부위별로 그 의미가 다르다고 한다. 대체로 입술, 볼, 이마, 손등, 코, 목 등에 키스를 하면서 본인의 진솔한 마음을 상대방 신체에 접촉하여 전달하는 의미가 매우 강하다. 그 마음은 "감사합니다" "행운을 빕니다" "좋아합니다" "사랑합니다" "헤어지기 아쉽습니다" "반했습니다"의 의미를 담고 있으며 좀더 강한 애정표현은 코 키스와 목 키스라고 한다. 키스할 때 입술이 닿으면 눈을 감는 것이 보통이나 눈을 뜨는 사람은 자존심이 강한 사람이라고 한다. 소크라테스는 '키스는 상대방의 마음을 빼앗는 가장 힘세고 위대한 도둑'이라고 표현했다.

  키스문화의 시작을 정확히 알 수 없으나 세계 여러 문화권 중에서 아직도 절반 정도는 키스문화 자체가 없다고 한다. 나의 청소년 시절만 해도 키스란 단어는 생소했다. 주로 서양 문화권에서 키스 행위가 전 세계로 전파되면서 우리나라 최초의 키스신은 1954년 한형모 감독의 「운명의 손」에 출연한 윤인자라는 여배우다. 이제는 키스신이 보편화된 행위로 받아들여지고 있지만, 그 당시는 개봉 여부를 놓고 논란이 많았던 영화로 여배우의 남편과 감독 간에 멱살잡이 싸움까지 했다는 소문이 돌았다. 가끔 지하철 에스컬레이터에서 젊은 남녀가 부둥켜안고 살짝 키스하는 장면을 목격하면 망측스럽다는 생각에 고개를 돌려버린다.

  최근 키스 문제로 재미있는 사건이 벌어졌다. 2023년 국제축구연맹(FIFA) 여자 월드컵 우승 시상식장에서 스페인축구협회장이 공격선수를 양팔로 힘껏 껴안은 후 두 손으로 얼굴을 잡고 강제로 입을 맞췄다. 당시 이 장면은 고스란히 전 세계에 TV로 생방송 되고 있었다.

  스페인 총리는 '용납할 수 없는 행동'이라 하였고, 검찰은 성범죄에 해당하는지 조사 중이며, FIFA는 90일 직무 정지 징계를 내렸다. 유엔도 '스포츠계에 심각한 성차별주의가 남아 있다'는 성명을 냈다. 사태는 가라앉지 않고 선수 전원이 경기 출전을 거부하고 있으며 여성단체 시위대가 깃발을 들고 시가행진에 나섰다. 축구협회장은 "성적인 의도가 없었다"며 버티다가 결국 임기를 다 마치지 못하고 사퇴했다.

 6월 14일 '키스데이' 유래는 명확히 알려진 바 없으나 우연히 한 커플이 만들었다는 설이 전해지고 있다. 기네스북에 등재된 가장 장시간 키스는 2013년 2월 태국의 한 커플이 기록한 58시간 35분이다. 영국 여성들은 와도 키스, 가도 키스, 언제 어디서든 자연스럽게 키스를 하며, 프랑스 여성들은 에펠탑이나 센느강 보다 키스가 더 명물이라고 한다. 나라마다 키스에도 지켜야 할 룰을 정하고 있다. 미국의 어느 주에서는 콘서트나 밴드 연주 중에 3분 이상 키스를 할 수 없도록 법률로 정하고 있으며, 말레이시아, 이집트, 방글라데시에서도 공공장소에서 키스하면 벌금을 부과하고 있다. 우리나라도 공공장소에서 지나친 스킨십은 제재를 받는다.

 키스는 마음을 여는 문이다. 마음을 얻기가 쉽지 않듯 이 문도 쉽게 열리지 않는다. 열두 대문을 열고 들어가는 것처럼 두드리고 또 두드려야 한다. 상대방의 마음을 녹일 수 있도록 로맨틱한 분위기를 만들어 첫 키스의 설렘이 평생 가슴에서 지워지지 않도록 깊은 인상을 남겨야 한다. 선남선녀의 키스는 인생의 출발점이다. 일단 첫 관문을 성공하면 다음 단계로 넘어갈 수 있는 길도 자연히 열리지 않겠는가.

남도 여행

꿈 많은 청소년 시절에 마음속으로 그리는 여행지가 있었다. 박목월 「나그네」의 남도 삼백 리다. 시어(詩語)처럼 남해 바닷길을 구름에 달 가듯이 걸으며 타는 저녁놀을 감상하고 싶었다. 음악 시간에 목청을 돋우어 불렀던 「가고파」의 가사가 바다를 향한 그리움을 더욱 부채질하였다.

방문을 열면 앞산 봉우리가 이마에 닿을 듯한 산간 오지에서 태어나 스무 살이 될 때까지 바다 구경을 하지 못하고 살았으니 지도에서만 보는 바다 풍경은 언제나 동경의 대상이었다. 더 넓은 세상으로 나아가 마음껏 꿈을 펼쳐보고 싶었지만, 제주도 여행조차 엄두를 낼 수 없는 시절이었다. 그 시절에 비하여 지금은 천지개벽(天地開闢)이라 할 만큼 세상이 바뀌었다. 마음만 먹으면 어디든 가고 싶은 곳을 선뜻 떠날 수 있고, 볼거리 먹을거리 즐길거리가 넘쳐나는 세상에 살고 있다.

철쭉꽃이 활짝 피어나는 사월 중순, 아내와 함께 H여행사의 '내 나라 여행' 버스에 올랐다. 한려해상국립공원 구간으로 여수 남해 거제 부산을 거치는 3박 4일간의 남도 여행길이다. 첫날은 이른 아침 서울을 출발하여 구례에서 오찬 후 천은사를 둘러봤다. 천은사는 통일신라 흥덕왕 때 인도 승려가 창건한 천년고찰로 화엄사, 쌍계사와 함께 지리산 3대 사찰이 하나이다. 청정지역 지리산에서 채취한 여러 가지 향기로운 계절 나물이 입맛을 돋우었다. 순천에서 최초의 국가 정원인 순천만국제정원박람회장에 들러 아기자기하게 잘 꾸며진 정원길을 걸으며 예쁜 꽃구경에 잠시나마 세상 시름을 내려놓았다. 여수로 내려가 소문난 바다장어로 저녁 식사를 즐기고 삼면이 오션뷰 멋진 호텔에서 편안한 잠자리에 들었다.

둘째 날 여수 관광은 해양 레일 바이크 타기, 돌산도 바다 위 케이블카 타기, 바다의 꽃섬 오동도를 둘러보는 순으로 즐거운 시간을 가졌으며, 오찬은 게장 특별식을 맛보았다. 오동도에는 그 옛날 오동나무가 무성하였으나 왕명으로 베어버리고 난 후 한 여인의 붉은 순정이 동백꽃으로 피어났다는 전설이 전해지고 있으며, 광장에는 거북선 모형과 '箬無湖南是無國家'라고 새긴 큰 비석이 세워져 있었다. 여수는 한국의 나폴리로 불리는 미항으로 2012년 국제해양박람회가 열렸으며 돌산도를 연결하는 거북선대교가 새로 놓였다. KT 시절 승진 첫 부임지인 이곳에서 1년 6개월간 재직하면서 전라선 기차와 여수 공항으로 주말마다 오르내렸다.

　다시 남해대교를 건너 보물섬 남해에서 세계 유명정원으로 꾸며진 원예예술촌과 독일마을을 관람하고 사천, 고성, 통영을 지나 거제대교를 건넜다. 거제도는 거대기업인 대우조선해양과 삼성중공업 덕택에 지역경제 자립도가 높은 곳이다. 식당에 회사 유니폼만 입고 들어가도 외상을 주고, 한창 경기가 좋았을 때는 개도 만 원짜리 돈을 물고 다닌다는 우스갯소리까지 퍼졌다. 건조 중인 거대한 LNG선이 조선 선진국의 위용을 자랑한다. 저녁 식사는 이름난 굴 식당에서 커다란 굴을 직접 까서 먹는 굴 요리 별식을 즐기고, 바닷가 호텔에 여장을 풀었다.

　셋째 날은 우리나라에서 제주도 다음으로 큰 섬인 거제도에서 바람의 언덕, 신선대, 맹족죽, 테마공원, 외도를 둘러보고 아늑한 항구마을에서 전복돌솥밥으로 오찬을 마친 후 남해와 육지를 잇는 거가대교와 해저터널을 지나 부산으로 향하였다. 재한유엔기념공원은 6.25전쟁 당시 참전 22개국 전몰장병 2,320명의 유해가 묻힌 곳으로 역사적인 의미가 깊은 곳이다. 매일 4시에 거행하는 유엔기 하강식 행사를 지켜보며 숙연한 마음으로 묵념을 올렸다. 오륙도는 부산의 상징이다. 육지에서 가까운 것부터 방패섬, 솔섬, 수리섬, 송곳섬, 굴섬, 등대섬으로 나누어지며 동쪽에서 보면 여섯 섬, 서쪽에서 보면 다섯 섬으로 보인다고 한다.

　이은상은 「오륙도」를 이렇게 읊었다.

오륙도 다섯 섬이 다시 보면 여섯 섬이
흐리면 한두 섬이 맑으신 날 오륙도라
흐리락 맑으락 하매 몇 섬인 줄 몰라라

취하여 바라보면 열 섬이 스무 섬이
안개나 자욱하면 아득한 먼 바다라
오늘은 비 속에 보매 더더구나 몰라라

그 옛날 어느 분도 저 섬을 헤다 못해
헤던 손 내리고서 오륙도라 이르던가
돌아가 나도 그대로 어렴풋이 전하리라

  오륙도를 기점으로 동해 남해가 구분되며 북쪽 한류와 남쪽 난류가 만나는 지역이라 어종이 풍부하고 특히 고등어가 많이 잡힌다고 한다. 고등어 요리 정식으로 저녁 식사를 마치고 동백섬 백사장에 위치한 호텔에 여장을 풀었다. 부산야경을 놓칠 수 없어 동백섬 산책로를 한 바퀴 돌았다. 외국 선박들이 부산에 입항하면 감탄사를 쏟아내지 않을 수 없는 광안대교의 화려한 불빛 쇼는 정말 장관이었다. 동백섬 '누리마루'는 2005년 에이펙 정상회의가 열렸던 멋진 장소다. 2030년 부산 월드 엑스포를 기필코 유치하여 우리의 국력을 세계에 자랑할 수 있는 절호의 기회가 기다리고 있다.
  마지막 날 양산 통도사를 찾았다. 신라 선덕여왕 때 자장율사가 세운 사찰로 영축산 모양이 석가모니가 불법을 펼친 인도 영축산과 통한다고 하여 사찰의 이름을 통도사라 하였다고 한다. 유네스코 세계문화유산에 등재된 우리나라 최대 불교 사찰로 대웅전에 불상이 없고, 부처님 사리를 모신 금강계단은 국보로 지정되어 통도사 상징의 비밀로 알려지고 있다. 오찬 시간에 들른 '언양 떡갈비' 식당 한쪽 벽면에는 유명 인사와 연예인들 사인이 가득 채워져 꽤나 소문난 맛집임을 자랑하는 광고판 같았다.

이번 여행은 잘 짜인 코스를 따라 남해안 항구도시와 여러 섬을 돌아본 웰빙 여행이었다. 보는 것, 먹는 것, 체험하는 것이 모두 즐거움이 대상이었다. 또 남해안의 섬과 육지를 연결하는 여러 개의 큰 다리를 건너며 잔잔한 바다 경치를 구경하는 재미가 쏠쏠하였다. 그토록 바다가 그리웠던 소년 시절의 꿈이 드디어 성취되었고, 건너는 다리마다 추억 하나씩을 남겼다.

여수의 돌산대교, 거북선대교, 여수대교, 이순신대교, 남해의 노량대교, 남해대교, 창선삼천포대교, 거제의 거제대교, 거가대교, 부산의 낙동강대교, 을숙도대교, 남항대교, 부산항대교, 영도대교, 광안대교는 남해안의 도시와 섬들을 더욱 멋진 절경으로 바꾸어 놓았다. 바다 위에 가지런히 놓인 다리는 낭만과 사랑과 만남의 기쁨을 안기는 상징물로서의 의미가 깊다. 수많은 추억과 애환이 쌓인 곳으로 특별히 기억하는 그리움의 대상이다. 6.25전쟁 때 영도다리, 영화 「애수(Waterloo Bridge)」의 다리 장면은 가슴을 적신다.

우리나라 남해안은 들쭉날쭉한 해안선에 수많은 크고 작은 섬들이 옹기종기 모여 있어 세계 어느 유명관광지와 비교해도 손색이 없다. 애써 외국 여행을 다니느니 먼저 내 나라 여행을 떠나 우리 국토의 아름다움을 가슴속에 담고 싶구나. 다음 여행은 다도해해상국립공원 구간을 떠나보련다.

개 팔자가 상팔자

우리 동네 평화공원 산책로에서 있었던 일이다. 한가로이 걸어가고 있는데 갑자기 개 한 마리가 뒤에서 달려들어 물려고 한다. 엉겁결에 발로 차는 시늉을 했더니 "깨갱" 하면서 물러간다. 그냥 가려고 하는데 개 주인인 듯한 젊은 처녀가 나를 노려보면서 하는 말이 너무나 어이없다. "할아버지! 우리 '수리'가 스트레스 받았잖아요." 한다. 자기 개가 달려들어 나를 놀라게 했으니 먼저 "미안합니다."라고는 하지 않고 오히려 개가 스트레스 받았다고 역정을 낸다. 사람보다 개가 먼저다. 세상에 살다 살다 '개판 세상'이 되어가는 꼴을 처음 겪는다. 내가 '수리'보다 못한 인간 대접을 받는구나 생각하니 참담한 마음을 진정하기 어려웠다.

개는 가축이다. 보릿고개 시절에는 개 기르기도 힘들어 옆집에서 강아지 한 마리를 주면 빨리 키워서 개장수에게 넘기고 보리쌀 몇 되와 바꾸었다. 소, 닭처럼 대체 식용이 되고 마는 집짐승으로 생사존망(生死存亡)이 인간의 결심에 달렸다. 열두 번을 곤두박질쳐도 이놈은 네발짐승일 뿐, 사람보다 앞설 수 없고 사람을 위하여 존재하는 동물이다.

옛날 이놈은 집 안에서 섬돌까지만 올라갈 수 있었지, 마루로 올라갔다간 빗자루로 엉덩이를 사정없이 얻어맞고 마당으로 쫓겨났다. 그러나 요즘 시대는 사람보다 먼저 안방으로 들어가 침대 자리를 차지하고 안아주지 않으면 안달까지 한다. 대소변을 사람이 받아내고 반려동물이라고 하여 인권에 버금가는 법의 보호를 받는다.

'반려'란 어휘는 얼마나 듣기 좋고 정겨운 단어인가. 아내를 반려자라고 호칭하는데 한낱 동물에게까지 이 단어를 붙였으니 개의 처지에서는 좋아서 꼬리를 흔들 수밖에 없지 않겠는가. 공원 산책로에서 '메리'니 '세리'니 부르면서 모양도 깜찍한 반려견들을 아기처럼 품에 안고 다니는 여성들을 볼 때, 사람들의 취향도 변화하고 있음을 느낀다.

인간이 반려동물과 동거를 선호하는 이유를 생각해본다. 스트레스 해소는 기본이고 긴장된 인간의 삶에 휴식의 기회와 즐거운 분위기를 만들어 준다. 또 어린이들의 정서발달이나 가족과의 대화, 이웃과의 소통에 도움을 주기도 한다. 부부가 반려동물과 함께하면 훨씬 원만한 부부관계를 유지한다는 어느 연구팀의 발표도 있었다. 며칠 전 동두천시 애견유치원에서 '애견인을 울린 쪽지 한 장'이란 글을 올렸는데, 다음과 같은 글이 적혀 있었다고 한다.

"똑똑하고 영리한 우리 '장군이'를 발견하신 분은 잘 좀 키워주세요. 저는 '장군이'와 같이 살다가 살 날이 얼마 남지 않아 정부가 운영하는 시설로 갑니다. 이제는 함께 살 수 없게 되었으니 부디 사랑하는 우리 아들 '장군이'를 부탁합니다. 아들아! 어디에 있든 아빠가 항상 너의 곁에 있을 거니까 아프지 말고 잘 지내라. '장군아' 미안하다, 안녕. 아빠가"

독거노인이 애완견을 아들로 생각하는 마음이 매우 감동적이다. 전북 임실군 오수에는 사람을 살린 의견(義犬) 실화가 전래되고 있다. 주인이 누워있는 자리에 들불이 번져 위험한 지경에 이르자 개가 냇가에서 몸을 물로 축여 불이 번지는 것을 막아 주인을 구하고 숨을 거뒀다는 미담이다. 이에 임실군에서는 의견 '몽실이' 동상을 세우고 충견 복원을 위한 육종연구소를 운영하고 있으며, 의견문화제까지 열어 앞으로 반려동물 산업의 메카를 꿈꾸고 있다고 한다. 국내에서는 처음으로 반려동물 화장장과 장묘시설, 애견공원과 훈련장, 놀이터 등을 갖춘 반려동물 테마파크로 '오수 의견 관광지'가 개발되었다. 지금은 바야흐로 반려동물 인구 천만 시대다. 이미 우리나라 전체 가구 수의 27%가 반려동물과 함께 생활하고 있음이 정부 통계 수치에 잡혔다. 네 집마다 한 집 꼴이다.

한국의 대표적인 개 품종인 진돗개는 반려견으로 선호도가 매우 높다. 용맹하고 충성심이 강하고 귀소본능과 대담성 때문에 외국에서도 인기 품종이다. 88올림픽 개막전 행사로 진돗개 퍼레이드를 하여 외국인들을 놀라게 하였다. 남북 정상 간 선물로 진돗개와 풍산개를 주고받았으나 퇴임한 대통령이 풍산개를 반납한 일이 있다. 현직 대통령도 여러 마리 반려견과 생활하는 장면이 TV로 알려졌다. 최근 마약범죄가 심각한 사회문제로 대두되자 관세청과 경찰청에서 마약 탐지견을 해외에서 데려와 교육 훈련을 통하여 적발 효과를 거두고 있으며 은퇴 후 재활용과 장례 절차까지 철저히 관리하고 있다고 한다.

미래 유망직업으로 반려동물 관련 직종에 대한 관심이 나날이 증가하고 있다. 동물 전용병원, 호텔, 액세서리 영업이 번창하고 반려견 산책코스를 갖춘 전문 커피점도 성업 중이며 장례식장까지 생겨났다. 이 같은 시대 변화에 따라 반려동물 보호를 목적으로 1991년 '동물보호법'이 제정되고 2022년에 전면 개정되었다. 이 법에서는 반려동물 사고 예방을 위한 국가지도사 자격이 신설되고, 도사견 등 맹견은 허가를 받아야 하며 반려동물에 대한 철저한 사육관리 의무화와 신고제를 명시하고 있다. 또 금년 1월에 '개 식용 금지법'이 국회를 통과하여 3년 뒤 시행을 앞두고 있다.

이쯤 되면 '개 팔자가 상팔자'란 속담이 그럴듯하게 들린다. 사람들은 고생스러울 때 넋두리로 팔자타령을 하면서 편하게 먹고 자기만 하는 개를 부러워하지만 개의 처지에서는 가당치도 않은 궤변이다.

　이처럼 개에 대한 인식이 크게 달라지고 대우가 격상되었지만 아이러니하게도 우리말 가운데 '개'자를 붙이면 갖은 욕설과 저질, 저속한 의미로 둔갑한다. '개판' '개자식' '개팔자' '개떡' '개살구' '개망신' '개코' '개뿔'이라고 하면서 반려견 이름자를 모욕한다. 개 처지에서는 얼마나 복장 터지는 일인가. 만약 개에게 영혼이 있다면 인간들에게 그토록 아양 떨며 몸 바쳐 충견 노릇을 했건만, 왜 자기 이름을 나쁜 쪽에만 갖다 붙이느냐고 광화문에 모여 집단 시위를 벌이지 않겠는가. 그렇다고 인간들처럼 명예훼손으로 고소하거나 법원에 개명 신청을 할 수도 없으니 쓴웃음만 나온다. 견공(犬公)이란 호칭이 무색하다.

시인의 고향

어느 누구에게나 고향은 영원한 그리움의 대상이다. 고국산천을 떠나 외국에서 살고 있거나 북한에서 월남한 사람들은 고향 생각이 오죽하겠는가. 그들은 그 간절한 마음을 글로 쓰고, 시로 읊고, 노래로 달래기도 한다. 남달리 감성이 앞서는 시인에게는 더할 나위 없다. 그 대표적인 예로 정지용의 「향수(鄕愁)」가 떠오른다. 실개천, 얼룩빼기 황소, 질화로, 짚베개, 초라한 지붕 같은 향토색 짙은 시어로 고향마을 정경을 그림 그리듯 멋진 시로 펼쳐 놓았다. 이 시를 가사로 김희갑이 작곡한 「향수」를 서울음대 박인수 교수와 대중가수 이동원이 듀엣으로 불러 많은 사람에게 감동을 안겼다. 이 노래를 듣고 있노라면 향수병이 조금은 나아지는 기분을 느낀다. 한 시인이 100년 전에 발표한 시로 인해 오늘날 옥천이란 지명이 정지용 문화브랜드로 널리 알려지면서 관광버스가 주차장을 가득 메운다.

시인의 고향을 찾아 충북 옥천 문학기행에 참가했다. 명작 '향수'가 탄생한 배경이 어떤 곳일까. 평소 마음속에 담고 있던 차에 일 년에 한 번뿐인 좋은 기회를 놓치기 아까웠다. 일행 30여 명 문인도 모두 같은 마음이었으리라. 워낙 고령이라 당일 아침까지 출발을 망설이다가 나와 동갑내기인 K가 문학기행에 무슨 나이 타령이냐고 꼬드기는 바람에 서둘러 녹번역으로 뛰었다. 사실 문학기행 나들이를 여러 곳 다녀 봤지만 떠날 때마다 학창시절 수학여행 가는 기분이다. 평생 가슴에 남을 추억 보따리에 또 하나를 채워 넣는 즐거움을 맛본다.

정지용문학관 입구에 세워진 동상 앞에서 인증샷을 하고 시인이 태어나서 살았던 생가를 둘러봤다. 마당에는 얼룩빼기 황소 조형물을 만들어 놓았고, 바로 집 앞에는 당시 넓은 들 동쪽 끝으로 흘러가던 실개천이 지금도 그대로 흐르고 있었다. 문학관 본관에 들어서니 시인의 일대기가 연도별로 한눈에 알아볼 수 있도록 잘 만들어져 넓은 벽면을 가득 채우고 자세한 설명문을 곁들였다. 마침 이하윤 교수 이름이 보이기에 반가운 마음에 두 분의 관계를 살펴보니 같은 시대 순수 시문학 동인 9명이 활동한 사실이 적혀 있었다. 그분은 서울대 교수로 재직 중 내가 다니던 대학에 국문학 강의차 출강하신 인연으로 1967년 나의 결혼식 때 주례를 맡아 주셨다.

대표작 「향수」는 시인이 시작(詩作) 활동 초창기인 1923년 초고를 1927년 『조선지광(朝鮮之光)』 3월호에 처음 발표하였다. 또

잡지 『문장(文章)』 심사위원인 정지용 추천으로 조지훈, 박두진, 박목월 세 사람이 문단에 데뷔하였음을 새롭게 알게 되었다. 한국 '현대시의 아버지'라 불리는 이유를 알 만하다. 그럼에도 정지용 시인이 청록파만큼 각광을 받지 못한 것은 6.25전쟁 통에 납북되면서 그의 행적에 대한 오해가 덧씌워져 오랫동안 한국문학사에서 가려지고 그의 작품세계가 묻혔기 때문이다.

정지용 시인이 납북되기 전 마지막으로 살았던 곳이 서울 은평구 녹번동 126-10번지다. 이곳에 민족시인 정지용이 자취가 남아있다. 1948년 당시 이화여대 교수 겸 경향신문 주필이었던 정지용은 모든 사회활동을 중단하고 이 터에 'ㄱ'자 6칸 초가를 짓고 1950년 납북되기 전까지 작품활동에 몰두하였다. 은평구와 한국문인협회 은평지부에서 이곳이 시인이 살았던 집이 있었음을 알 수 있도록 '정지용 초당터' 표지판을 붙였다. 또 녹번동주민센터 정문 유리창에 그의 시 '녹번리'를 새겨놓았고 산골 마을 정지용 시벽에도 전문이 쓰여 있다.

이 시는 1950년 1월 『새한민보』 62호에 게재되었으며 '녹번리'라는 동명이 세 번 나오고, 그때 그의 나이 49세였음을 알 수 있었다. 어쩌다 시인이 살았던 같은 동명에 주소지를 두고 20년째 살면서 그의 삶과 시를 천착해 보려는 마음가짐이 불현듯 솟구친다. 정지용 시는 초기 「향수」와 후기 「녹번리」를 많은 시인이 수작으로 꼽는다.

이념대립이 극심했던 시기에 사라져 버린 정지용 문학이 부활

한 것은 1988년 해금 조치 이후다. 대학과 문학단체에서 수많은 교수와 문인들이 정지용 시 연구 논문을 발표하고 세미나를 개최하면서 그는 한국 시단에 불멸의 시인으로 재조명 받고 있다. 여기에는 '지용회'를 중심으로 옥천지역 관련 단체들의 적극적인 지원과 특히 장남 정구관 씨의 헌신적인 노력의 결실로 〈옥천=정지용=향수〉라는 유명 브랜드를 정착시켜 놓았다.

매년 '지용문학제'가 열려 올해 36회째다. 이때 권위 있는 정지용문학상 수상자가 발표된다. 1회 박두진 시인부터 김지하, 문정희, 도종환, 문효치, 나태주, 신달자 등 내로라하는 시인들을 수상자로 배출했다. 수상자 전원의 시와 사진을 액자로 만들어 문학관 입구에 걸어 놓았다. 관람하는 사람마다 "아! 이 시를 쓴 사람!" 하면서 그들의 명시를 다시 한번 음미해 본다.

이번 문학기행은 정지용 명작 시의 향기에 취해 고향의 의미를 되새기는 뜻깊은 하루였다. 이광복 전 문협 이사장님의 특강과 현지 해설사의 설명으로 '정지용의 삶과 문학'에 대하여 더 깊이 이해할 수 있는 유익한 시간이었다. 한국 문학사에 큰 족적을 남긴 걸출한 시인의 고향은 우리 모두의 마음속에 언제나 그리움의 상징으로 떠오른다.

숙부의 아들

 나의 어린 시절은 일본이 태평양 전쟁을 도발하면서 국가총동원령을 발동하여 전쟁 물자를 깡그리 수탈하던 시기였다. 숟가락이며 요강이며 쇠붙이로 된 물건은 남김없이 가져가고 초등학교 학생들에게 산에 가서 송진이 굳은 관솔가지를 따 오게까지 했다. 그때 도끼로 소나무를 찍다가 그만 종아리를 스치는 바람에 상처 흔적이 지금도 남아 있다. 그 어려운 시기에 막내 삼촌이 장가를 가서 첫아들을 낳아 그나마 집안에 웃음꽃이 피었다. 숙부가정은 그때가 가장 행복했던 시기였지만, 그 행복이 오래가지 못하고 가족이 전멸하는 참혹한 비극을 맞게 되었다.
 1945년 해방되기 몇 달 전 3월에 숙부께서 강제 징용에 끌려가 규슈 아이치현 탄광에서 24세의 젊은 나이에 억울한 죽음을 맞은 것이다. 악운은 연달아 몰려왔다. 해방 이듬해 전국적으로 창궐한 콜레라로 숙모와 어린 사촌동생마저 사망하면서 한 집안의 대(代)가 완전히 끊기고 말았다.
 숙부의 첫아들, 나의 사촌동생 자리를 누구로 앉히느냐의 문제가 집안 어른들의 화두로 제기됐다. 숙부를 사망에 이르게 한 아버지에게 눈길이 쏠렸다. 당시 아버지는 면사무소 병사 담당 서기로 재직하고 있었는데, 주민의 항의가 두려워 2명이 배정된 징용 인원에 친동생을 차출한 것이다. 착한 동생은 형의 뜻을 거역하지 않고 묵묵히 받아들였다. 떠나던 날 "형수님 다녀오겠습니다." 하며 돌아서던 시동생의 뒷모습이 그렇게도 쓸쓸해 보였다고 어머니께서는 늘 말씀하셨다. 같이 간 1명은 살아 돌아왔으나 숙부는 집을 떠난 지 한 달여 만에 유골이 되어 돌아왔다. 만약 그때 아버지가 친동생을 차출하지 않았다면 5개월 뒤 해방이 되었으니 숙부가정이 파괴되는 참극은 막을 수 있었을 텐데, 안타깝기 그지없다.
 일제 치하에서 알량한 면서기 직책에 충실하려다 동생을 사지로 보낸 아버지의 결단은 평생 씻을 수 없는 한으로 남았다. 누구보다도 숙모께서 남편을 죽음으로 내몬 시숙이 얼마나 원망스러웠을까. 아버지는 고민 끝에 나의 사촌동생을 대신하여 대를 이을 자식으로 본인 차남인 나를 숙부 양자로 결심하셨다. 아마 본인의 실수를 사죄하려는 뜻이 아니었을까. 집안 어른들과 수의 결과 아버지 뜻대로 결정된 사실이 친인척과 동네 어른들께도 모두 알려지게 되었다. 이로써 6살 나이에 아버지 친자인 나는 숙부의 사촌동생 자리로 신분이 바뀌어 숙부의 양아들이 되었다.

동생에게 자식을 넘긴 친부모 처지에서는 똑똑한 아들 하나를 포기한 셈이다. 그때 나는 양자가 무엇인지도 알지 못했고 양부 가정이 존재하지 않으니 친부모 슬하에서 이름만 양자로 성장 과정을 거쳤다. 그 후 성인이 되어 결혼을 하고 숙부 내외분 제사를 떠안게 되면서부터 드디어 양자에 대한 책임의식을 갖게 되었고, 지금까지 수십 년 동안 제사를 지내면서 "양자란 바로 이런 것이구나" 실감하게 되었다. 또 제사 준비와 제수진설 격식, 기제 절차에 실수하지 않으려고 관련 서적을 뒤져 터득하게 되었다.

신혼 초 아내가 "당신은 차남인데 왜 숙부 제사를 지내느냐"고 못마땅한 표정으로 묻기에 슬픈 가족사를 털어놓고 아내의 이해를 구했다. 사실 제사 준비는 많은 가정주부들이 부담을 느끼는 매우 까다롭고 번거로운 행사다. 일 년에 몇 차례씩 제사를 지내다 보면 갓 시집온 새색시는 어느새 눈가에 잔주름이 잡힌다. '가난한 집에 제삿날 돌아오듯' '채비 삼 년에 제사떡 쉰다' '벼르던 제사 물도 못 떠 놓는다'는 속담들이 모두 제사 풍습의 폐단에서 유래하고 있다. 이러한 폐단을 보다 합리적으로 간소화하려고 1969년 정부에서 '가정의례준칙'을 제정 공포하였고, 최근 성균관에서도 처음으로 '차례표준화방안'을 발표하기도 하였으나 일률적으로 규제하기 어려운 풍속이라 가정마다 자율적으로 제례 관습를 이어가고 있다.

나는 양자의 본분을 다하려고 매년 새해 달력에다 제삿날을 기록하여 두고 기일(忌日)을 넘긴 일이 없다. 제사는 정성이다. 정성을 다하여 제수 준비를 하고 비명에 가신 양부 가족의 원혼을 풀어드리는 일이 자식된 도리가 아니겠는가. 명절증후군이니 세대 갈등이니 하면서 제사를 기피하는 풍조도 있지만, 우리나라 제례풍습은 아름다운 전통으로 조상의 음덕을 기리고 후손들에게 출생의 뿌리를 확인시켜 주며 가족 간의 화합을 도모하는 계기를 만들어 준다.

2009년 양부는 강제징용사망자 국가보상대상자로 결정되었으나 양자 호적 등기 미비로 보상금 지급이 기각되었다. 당시 농촌에서는 호적 등재를 하지 않고도 족보에만 올려 양자 입적을 인정하는 것이 일반적인 관례였는데 호적상 양자 입증을 할 수 없어 포기하고 말았다. 보상금 욕심보다는 나라에서 주는 위로금으로 양부의 억울한 죽음을 새긴 작은 비석 하나라도 세우고 싶었던 소박한 바람은 물거품이 되었다. 태평양전쟁강제징용유족회에서 위안부 단체처럼 일본 정부의 사과와 보상대책을 요구하고 있으나 그들은 1963년 한일협정에 의한 청구권 자금으로 종결되었다고 주장하고 있다. 정부에 탄원서도 제출하고 유족회 활동에도 참여하였으나 모두가 허사였다.

매년 제삿날이 되면 부질없고 허망한 가정(假定)을 마음속으로 그려본다. 그때 만약 숙부와 사촌동생 중 한 사람이라도 전쟁과 괴질에서 희생되지 않고 살아남았더라면, 나는 양자 소리도 듣지 않고 아내 눈치 보는 제사 짐도 떠맡지 않았겠지. 이제는 모두 허공 속에 묻어야 할 슬픈 옛이야기가 되고 말았다. 70여 년 세월 동안 사촌동생의 몫으로 나에게 씌워진 양자라는 굴레는 한 평생 벗어던질 수 없는 타고난 팔자임을 어쩌랴.

꿈엔들 잊힐 리야

　나의 살던 고향은 꽃피는 산골이다. 국민 동요 이원수의 「고향의 봄」 가사 그대로다. 울긋불긋 꽃 대궐 차린 동네에서 태어나 초등학교, 중고등학교를 다녔다. 아침에 일어나 방문을 열면 앞산에 만개한 진달래꽃이 이마에 닿을 듯 가까이 보였다. 태백산 줄기 산간 오지의 우리 마을 지명은 입암(立岩)이다. '바위가 섰다'는 뜻으로 실제로 반변천 강가에 칼날처럼 뾰족한 수십 미터 높이의 커다란 촛대바위가 솟아 있다. 마치 금강산 만물상 바윗덩어리 하나를 뚝 떼어다 그대로 세운 형상이다.

　지명의 유래가 된 이 거석이 언제부터인지 '선바위'라 불리며 고향을 지키는 수호신으로 자리 잡고 있다. 반변천과 어우러져 풍광이 좋은 이 일대를 '남이포'라 부른다. 겸재 정선이 그린 진경산수화의 '쌍계입암(雙溪立岩)'은 남이포가 배경이다. 반변천 청계천 두 강줄기가 합쳐지는 곳에 멋진 바위가 솟아 있는 아름다운 절경을 당대 최고의 화백이 그냥 지나칠 수 없었으리라.
　이곳 남이포에는 '선바위 전설'이 흥미로운 이야깃거리로 널리 퍼져 있다. 조선 세조 때 이 지역에 '아룡, 자룡'이라는 형제 도둑이 창궐하여 스스로 용의 아들이라 자처하면서 왕이 되겠다고 반역을 도모하였다. 민심이 크게 흉흉해지는 상황에 이르자 조정에서 남이(南怡) 장군을 급파하였다. 두 괴수를 참수하고 도적의 무리를 완전히 섬멸하고 난 후, 그 흔적으로 바위산의 맥을 끊어 두 강물을 합쳐지게 만들었단다. 이 과정에서 칼로 큰 바위를 내려치자 그만 지금처럼 뾰족한 촛대 모양의 바위가 되었다는 전설이다. 과장된 전설일지라도 남이 장군의 무공은 설화와 기록으로 남아 있어 연로한 고향 사람들이 후손들에게 들려주는 재미있는 무용담으로 전해지고 있다.
　남이 장군은 뛰어난 무술과 용맹으로 이시애의 난과 건주 야인을 물리쳐 스물일곱 살의 어린 나이에 병조판서에 오른 걸출한 무장이었다. 그가 지은 「북정시(北征詩)」는 많이 알려진 한시로 무장이면서 약관의 나이에도 대단한 문장가의 실력까지 겸비하고 있었음을 짐작게 한다.

　　　白頭山石磨刀盡　백두산 돌은 칼을 갈아 다 없애고
　　　豆滿江水飮馬無　두만강 물은 말이 마셔서 말라버렸네
　　　男兒二十未平國　사나이 스무 살 나이에 나라를 평정하지 못하면
　　　後世誰稱大丈夫　후세에 누가 대장부라 일컬으랴

이 명시가 훗날 자신을 죽음으로 모는 단초가 되었다. 세조의 총애를 받았던 남이를 시기한 반대 세력이 '未平國'을 '未得國' 으로 글자 한 자를 고쳐 썼다. 얻을 득(得) 자를 왕권 도전으로 해석하여 역모의 굴레를 씌운 것이다.

중종 때 개혁정치의 반발세력이 조광조를 모함한 주초위왕(走肖爲王) 방법과 유사하다. 또 남이가 하늘에서 혜성이 나타나는 것을 보고 "묵은 것을 몰아내고 신왕조가 나타날 징조"라고 했다는 말을 왕께 고하여 역모죄로 참살되었다. 예종 시대에 일어난 최대의 남이 역모 사건이다. 임진왜란 이후 '연려실기술'에서 유자광의 계략으로 날조된 사건임을 기술하고 있으며 순조 때 후손의 상소로 신원(伸冤)되었다.

남이 장군이 젊은 나이에 누명을 쓰고 억울하게 죽은 애사의 영웅으로 알려지면서 관련된 설화들은 주로 출생, 결혼, 무공, 죽음의 과정에서 원혼들과 관계를 맺고 있다. 이를테면 남이가 귀신을 내쫓음으로써 다 죽어가던 낭자가 살아났다는 등 대개는 그의 신통력에 대한 이야기다. 이때 낭자는 좌의정 권람의 막내딸로 하얀 분칠을 한 처녀 귀신을 물리치고 사위가 되었다고 한다. 이 때문에 민간과 무속에서는 남이 장군 신을 믿는 신앙이 형성돼 지금도 전승되고 있다. 이는 용맹을 떨쳤던 남이의 위용으로 귀신을 내쫓을 수 있다는 믿음에서 출발했으리라.

남이 장군 전설이 서린 입암은 출향 후 육십 년 세월이 흘러가는 동안 평생 가슴에 품고 사는 그립고 정든 고향이며, 동경의 대상이고 마음의 안식처다. 고향에 자주 가지는 못하지만 서울에서 열리는 고향 행사에는 빠짐없이 참석하고 있다. 재경입암향우회, 재경영양군민회, 영양중고등산악회, 군민체육대회, 영양고추축제날이다. 이날은 많은 고향 사람들을 반갑게 만나 서로의 안부를 묻고 이야기꽃을 피운다. 모두 고향 사랑에 마음을 뺏긴 사람들이다.

영양은 예부터 품질 좋은 고추 산지로 유명하다. 매년 가을에 서울시청 광장에서 삼 일간 열리는 영양고추축제 날에는 생산 농가에서 직접 판매하는 장터가 다채롭게 펼쳐진다. 또 경향 각처에서 찾아오는 수많은 영양 사람들과 역대 고추아가씨선발대회에서 입선한 수십 명의 예쁜 아가씨들이 홍보요원으로 봉사하는 대규모 행사다. 행사 뒤풀이로 군민회장이 베푸는 풍성한 저녁 만찬에 초대되어 쌓인 회포를 풀고 나니 향수병이 저절로 고쳐지는 기분이다.

내 고향 입암, 눈만 감아도 고향산천이 아련하게 떠오른다. 다른 기억은 쉽게 잊히나 고향에 대한 기억은 또렷하게 회상된다. 어린 시절 추억이 고스란히 잠들어 있는 그곳, 더욱이 조부님, 큰아버님, 부모님, 숙부님 내외분께서 모두 함께 영면하고 계신 그곳, 나도 언젠가는 기나긴 타향살이를 끝내고 제자리로 돌아가야 할 그곳이니 꿈엔들 잊힐 리야 있겠는가.

강물은 흐른다

오늘도 한강 물은 흘러 흘러 바다에 이른다. 앞 강물 뒤 강물이 서로 밀고 밀리며 세월 따라 흘러가 버린 강물은 다시 돌아오지 않는다. 사람도 태어나서 흐르는 강물 따라 한 해 두 해 나이를 먹으며 늙어간다. 청춘을 돌려달라고 아무리 발버둥 쳐도 되돌아갈 수 없다. 유수처럼 흐르는 세월을 누가 막을 수 있으랴. 조용히 눈을 감고 고향 마을을 휘감아 돌아가는 강의 경치를 머릿속에 그려본다.

우리 고향 앞 강은 두 개의 강물이 합쳐지는 곳이라 주변 경치가 그만이다, 마치 북한강 남한강이 양수리에서 만나듯 '작은 양수리'다. 낙동강 상류 지류인 반변천과 청계천 두 강줄기가 합쳐지는 곳에 칼날처럼 뾰족한 수십 미터 높이의 커다란 촛대바위가 우뚝 서 있고 바로 아래 깊은 소(沼)가 있다.

청소년 시절은 경치 좋은 이 강에서 많은 시간을 보내며 추억을 쌓았다. 초, 중, 고 십이 년 동안 미역 감고 고기 잡는 즐거운 놀이터였다. 강가에서 감자나 잡은 고기를 호박잎에 싸서 납작한 돌 위에 얹어 놓고 나뭇가지로 불을 때서 구워 먹는 맛은 일품이었다. 읍내까지 삼십 리 떨어진 중고등학교를 강 따라 통학하면서 수없이 봐왔던 냇가의 풍경이 지금도 선하게 떠오른다. 집 안에 목욕 시설이 없는 당시로써는 깨끗한 강물이 공중목욕탕이다. 삼복더위에 종일 농사일에 시달린 동네 일꾼들이 시원한 강물에서 고된 하루의 피로를 풀어낸다. 아낙네들은 머리에 이고 온 빨랫감을 흐르는 강물에 깨끗이 씻어 낸다. 눈 감으면 떠오르는 그때 그 시절 낭만적인 강 풍경은 이제는 영화나 소설로 묘사되어 그리운 추억으로 다가온다.

우리나라는 백두산 천지에서 발원한 압록강 두만강 물이 동서로 흘러 중국과 국경선을 이루고, 태백준령을 따라 남쪽으로 내려가면서 청천강, 대동강, 예성강, 임진강, 한강, 금강, 낙동강, 섬진강 영산강 물은 서 남해 바다로 흘러 들어간다. 강이 많은 나라에서 수천 년 동안 우리 민족은 강줄기를 따라 옹기종기 모여 삶의 터전을 이루고 살아왔다. 강은 곧 삶의 요람이요 젖줄이다. 인류문명이 발상지도 모두 강이다. 황하강, 나일강, 티그리스강, 인더스강 유역이 인류 역사의 시작이다.

강을 잘 다스려야 한다. 치수정책은 나라의 근본이다. 전 세계 곳곳에서 강의 범람으로 매년 반복되는 재난을 해결하고 강물을 효과적으로 이용하려고 운하나 댐을 건설하고 있다. 미국의 후버

댐이나 중국의 삼협댐은 규모면에서 세계 최대의 토목공사이다. 우리나라도 소양강댐, 충주댐, 안동댐 등 여러 곳에 다목적댐이 있고, 그 외 용수댐과 다기능댐을 건설하였다. 한때 경부 운하 계획을 추진하다 무산되었지만 중국이 수백 년에 걸쳐 건설한 세계 최장 북경 항주 간 대운하는 우리에게도 시사하는 바가 크다.

 한강 정비사업으로 강물이 맑아지고 둔치에 설치된 산책로와 각종 운동시설이 시민들에게 접근하기 쉬운 휴식 공간으로 제공되고 있다. 서해와 연결된 아라뱃길까지 유람선이 다니고 있으며 앞으로 '서울 항구'를 만들면 대형 관광 크루즈선을 한강에서 승선하는 날이 오리라 기다려진다. 서울의 중심천인 청계천에도 맑은 물이 흐르고 있다. 윗물이 맑아야 아랫물이 맑듯이 청계천, 중랑천, 불광천, 홍제천 등 한강 지천에 맑은 물이 흘러야 서울의 얼굴인 한강도 깨끗한 이미지로 전 세계인이 부러워하지 않겠는가.

 가까운 우리 동네 불광천을 걸어본다. 자전거를 타거나 산책을 즐기는 시민들이 많다. 흐르는 냇물 따라 물고기와 오리 떼를 구경하고 시원한 폭포수를 보면서 징검다리도 건너본다. 근사한 다리도 여러 개 생겼다. 이곳에서 가끔 열리는 다채로운 이벤트 행사가 시민들에게 웃음과 즐거움을 선사한다. 강과 인간은 영원한 동반자이다. 천혜의 자연자원인 강을 더욱 아름답게 가꾸고 오염되지 않도록 관리해서 다음 세대에 물려주어야 자자손손 풍요로운 삶을 누릴 수 있으리라.

어머니의 겨울

　겨울로 접어들면 매서운 찬바람이 목덜미를 파고든다. 갑자기 추워지는 날씨에 사람들은 재빨리 두꺼운 옷으로 갈아입고 바깥 나들이도 몸을 사린다. 일상생활이 다른 계절에 비하여 움츠러들고, 동식물도 겨울잠에 들어간다. 50여 년 전의 겨울은 어느 가정에서나 엄동설한을 견디려면 겨우살이 준비가 꼭 필요했다. 입동부터 입춘까지 겨울 시즌 동안 먹고, 입고, 거처하는데 필요한 식량, 옷, 땔감 등을 부족함이 없도록 미리 준비하고 재난 수준의 한파에도 대비해야 했다.

　청소년 시절 겪어온 겨우살이 체험을 회고해 보면, 얼마나 힘들게 살았는지 가슴이 찡하다. 쌀독에 식구가 굶지 않을 만큼의 식량을 채우고, 창고에 연탄을 수백 장씩 쌓아 두고, 김장독을 땅속에 묻고, 문창호지를 새로 발라 문틈으로 들어오는 찬바람 막을 준비를 한다. 겨우내 땔감인 장작도 쌓아야 하고, 솜이불

홑창도 새것으로 시친다. 이처럼 겨우살이를 준비하는 온갖 일들이 불과 50여 년 전 일이다. 이런 준비도 제대로 갖추지 못하는 가난한 집이 갖춘 집보다 더 많았다. 가장 필수적인 것이 식량과 연탄과 물이다.

  겨울이 끝나 갈쯤이면 곡식이 바닥 나고 끼니를 이어갈 수 없는 지경에 이르러 그야말로 배고픈 고난의 시기를 겪기도 했다. 산이고, 강이고, 들판이고 모두 꽁꽁 얼어버렸으니 어디에서 먹을 것을 구해 허기진 배를 채울 수 있으랴. 다가오는 봄철 보릿고개 넘을 일도 발등에 떨어진 불이다. 또 연탄 준비는 겨우살이의 기본이다. 당시 거의 모든 가구가 연탄으로 난방과 취사를 해결했으므로 겨울이 닥쳐오면 돈을 빌려서라도 먼저 연탄부터 들여놓아야 마음이 놓인다. 그마저도 여유가 없으면 낱장 연탄을 사 들고 골목길을 올라간다. 그 당시 신문에는 연탄가스 사망 사고 기사가 자주 실렸고, 우리 어머니께서도 연탄가스 중독으로 목숨을 잃을 뻔하셨다.

  97세까지 거의 1세기를 사셨던 어머니께서 여러 번 들려주신 겨우살이의 한 맺힌 사연을 나는 평생 기억하고 있다. 어머니께서는 17살 어린 나이에 집이 세 채밖에 없는 용골(龍谷)이란 깊은 산골로 시집와서 내가 둘째 아들로 태어날 때까지 혹독한 겨우살이를 눈물로 참아내셨다고 했다. 집이 높은 언덕바지에 있어 골짜기 물이 유일한 식수원인데, 어린 신부가 한겨울에 얼음장을 깨고 퍼서 담은 물 항아리를 머리에 이고서 가파른 비탈길을 오르내리셨다니 그 고생이 오죽하였을까. 그때 다친 허리통증이 고쳐지지 않고 평생 따라다녔다. 10여 년 뒤 우물이 있는 큰 동네로 이사 가기 전까지 골짜기 물로만 해결해야 하는 겨우살이가 너무 힘들어 밤에는 초주검이 되었고, 어머니의 꽃다운 젊은 시절은 그렇게 용골 산골짜기에서 흘러가 버렸다.

매일같이 힘들게 퍼다 나른 항아리 물은 식수뿐 아니라 설거지 물로 써야 하고 시부모 세숫물과 아기 옷 빨래 물로도 써야 했다. 그때 물 한 방울이 아까워 몸에 밴 절약 습관 때문에 평생 고양이 세수를 하시던 어머니 모습을 어릴 때는 이해하지 못했다. 가부장 전통 관습이 그대로인 시댁에서 겨우내 시부모 봉양하는 힘든 시집살이를 꿋꿋이 견뎌내셨으니 며느리의 본분을 다한 효부가 아닌가. 언젠가 어머니께서는 이미자의 「여자의 일생」 노래를 들으시고 가사 내용이 본인의 살아온 일생과 똑같다고 하셨다.

불만을 털어놓을 수 있는 유일한 상대는 남편인데, 2살 연하인 아버지는 외지에 나가 학교를 다니고 있었기 때문에 가사에는 전연 도움을 받을 수 없었다고 한다. 기나긴 겨울밤에 옆방 시아버지 기침 소리를 들으며 뜬눈으로 밤을 지새우기도 하셨고, 마을에서 소문난 별난 시어머니 구박도 잘 참으셨단다.

그 시절 겨울은 지금보다 더 길고 더 추웠다. 몹시도 추운 어느 겨울날 어머니께서 학교에서 막 돌아온 나를 몸을 녹이라며 장작불이 이글거리는 부엌 아궁이 앞에 앉혔다. 아궁이 불더미에서 알맞게 구워진 감자를 주시며 공부 잘하라고 하시던 그 모습과 그때 감자 맛은 평생 가슴에 남아 잊히지 않는다.

  6.25전쟁 직전 그해 겨울밤에 빨치산들이 우리집을 들이닥쳤다. 아버지를 찾았으나 안 계시니 어머니를 마당에 세워놓고 아버지 있는 곳을 대라고 총부리를 겨누었다. 끝까지 말하지 않으니 "독한 년"이라고 욕설을 하고는 총을 쏘고 가버렸다. 쓰러진 어머니를 할머니와 내가 서둘러 방으로 옮겨 눕혔는데 겨우 깨어나셨다. 다행히 놈들이 죽일 생각은 아니었는지 총알이 옆으로 비켜 나갔던 것이다. 낮에는 대한민국, 밤에는 공산당이라 불릴 정도로 좌우대립이 극심했던 시기에 벌어진 아찔한 사태였다. 아마도 우리집을 겨냥한 것은 아버지가 공무원이고 동네서 알부자란 소문을 듣고 반동지주로 몰아 처단하려고 찾아온 것으로 추측되었다. 이 절박한 상황에서 끝까지 아버지를 지켜주신 어머니의 헌신적인 사랑에 감명을 받았다.

  나는 지금도 매일 밤 어머니가 누워계시던 바로 마루방 그 구석 자리에서 어머니를 생각하며 잠을 잔다. 어머니와 한평생을 같이 보냈던 그 시간들이 나에게는 그지없이 행복한 시간이었음을 뒤늦게 깨닫고, 자꾸만 다시 뵙고 싶은 마음이 간절하지만 어디 가능한 일인가. 미닫이 방문을 여시고 "아비야, 파스 좀 붙여다오" 하시던 그 모습이 한없이 그립다. 3년만 더 사셨으면 우리 집안에 최초로 100세 장수 기록을 남기셨을 텐데, 결국 그 소원을 이루지 못하고 10여 년 전에 작고하셨다. 2023년 겨울을 맞아, 어머님 영전에 이 글을 읽어 드리려니 불효자는 목이 멘다.

어느 길이 좋을까

　북한산은 수도 서울을 감싸고 있는 명산이다. 이십 대 초반에 고향을 떠나 이 명산 자락에 거처를 마련하고 지금껏 살아오면서 우뚝 솟은 봉우리와 골짜기를 수없이 오르내렸다. 이 산에는 여섯 개의 등산코스로 신선의 길, 숙종의 길, 수행의 길, 원효의 길, 태고 보우의 길, 북한산성 종주길이 있다. 모두 가파른 암벽과 경사가 심해 젊은 시절에는 전 코스를 섭렵하였지만, 망팔(望八)의 고개를 넘어서니 힘이 달려 한 단계 내려와 완만하게 조성된 북한산 둘레길을 걷기 시작했다.
　총 71.5km, 21개 구간을 여러 번 나누어 다니며 간신히 한 바퀴 완주했다. 구간마다 효자길, 내시묘역길, 흰구름길, 우이령길 등 특색있는 길이름들이 걷는 재미를 더한다. 요즈음은 또 한 단계 내려서 내 체력에 알맞은 서대문 안산 자락길과 은평 둘레길을 자주 걷는다. 천천히 걸으며 윤동주 박두진 시비 앞에서 명시를 감상하고 옹달샘터에서 땀을 씻는다. 결국 수십 년간 한 단계씩 내려오는 산행 운동을 계속하면서 건강을 유지하려고 안간힘을 쓰고 있지만 언제까지 내 발로 걸을 수 있을는지 두려운 마음을 떨칠 수가 없다.

 2012년 1월부터 도로명 새 주소가 시행된 지 벌써 10년이 지났다. 왜정 때 토지 수탈과 조세징수 목적으로 시행한 '번지 중심' 주소가 100년 만에 '도로 중심' 주소로 바뀌었다 국가 행정, 교통, 경제, 일상생활 면에서 커다란 변화를 가져왔다. 8차선 이상은 대로(大路), 2~7차선은 로(路), 이하는 길로 표시하여 전국 자치구마다 수십 수백 개의 길이름이 생겨났다. 이들 길이름에는 가평 조무락골길, 천안 재빼기길, 서울 신월동 곰달래길, 평택 노루댕이길처럼 예쁜 우리말이나 옥천 지용로, 영양 지훈길, 춘천 김유정로, 봉평 이효석길처럼 문인들의 이름도 있다.

 우리집은 '통일로 59길'인데 전 구간을 북쪽으로 가면서 왼쪽은 홀수 길, 오른쪽은 짝수 길로 표시하였고, 고향 형님댁은 '바른 양지길' 원주 조카 집은 '작은 숯둔길' 정릉 딸네 아파트는 '솔샘길'이다. 이제는 전국의 모든 주소지가 길이름으로 완전히 정착되어 우편, 택배, 긴급전화 등 업무처리가 신속 정확하고 훨씬 수월해졌다.

 '길'이란 한 글자 단어는 신라 향가에도 나오는 순수한 우리말로 여러 가지 의미를 담고 있다. 가장 흔히 쓰는 길이란 말은 사람이 밟고 지나다니는 공간을 뜻한다. 이 자연공간에 '길' 자를 붙인 길 이름들이 많기도 하다. 마을길, 돌담길, 고샅길, 골목길, 뒤안길, 논두렁길, 오솔길, 지름길, 에움길, 샛길, 푸서릿길, 후밋길, 돌너덧길, 자욱길, 벼룻길, 숫눈길, 산길, 강뚝길, 꽃길, 가시밭길, 오르막길, 내리막길, 십리길 등등이 모두 사람들이 오고 가는 길 이름이다. 그런데 길 이름에는 질러가거나 넓은 길보다 돌아가거나 좁고 험한 길에 붙은 이름이 훨씬 많다. 우리네 인생사처럼 말이다. 또 근래 걷기 열풍이 불면서 전국 곳곳에 산책길이 만들어지고 그 길 이름도 둘레길, 자락길, 올레길 같은 듣기 좋은 예쁜 이름들로 불리고 있다.

'길'이란 단어의 뜻은 단순히 '걷는 길'만을 의미하지 않는다. 나라 사랑의 길, 스승의 길처럼 사람으로서 지켜야 할 도리나 임무의 뜻도 있다. 또 천 리나 되는 길, 고향으로 가는 길처럼 어느 곳으로 가는 노정(路程)을 의미하기도 한다. 배움의 길, 정상으로 가는 길, 근대화의 길처럼 목표의 뜻도 있고, 출세의 길, 살아온 길처럼 개인의 삶이나 발전 과정을 의미하기도 한다. 또 사랑의 길은 에움길처럼 신산(辛酸)할 때도 있지만 얼마나 고귀한 마음의 행로인가. 그 외에 "그를 살릴 길이 없다", "먹고살 길이 막막하다"와 같이 방법이나 수단을 뜻하기도 한다. '길' 자가 들어간 단어는 어감이 좋고 입에 착 감긴다. 긴 세월 함께한 친구처럼 다정하게 긴 여운을 남긴다.

'길'의 뜻이 이쯤 되면 글자 한 자 속에 인간의 모든 삶의 과정이 포함되어 있고 문학, 철학, 종교, 사상의 의미까지도 함축된 단어라 할 수 있지 않을까. 가수 최희준은 「하숙생」에서 인생은 나그네 길이라고 불렀다. 우리네 인생살이를 한마디로 나그네처럼 정처 없이 떠도는 길손으로 비유한다. 그 길손은 어디에서 어디로 가고 있는가, 바로 길 위에서 다음 목적지를 찾아 떠난다. 그 길이 입신양명(立身揚名)의 길이거나, 고행의 길이거나, 득도의 길이거나, 산티아고의 길이거나, 월정사 전나무 숲길이거나, 순이를 찾아가는 길이거나 각자 목적지는 다르다. 세상에 같은 길은 없다. 나만의 길만 있을 뿐이다. 우리네 인생은 곧 길을 가는 삶이요, 평생 길 위를 걷는다. 누군가는 헤매고, 누군가는 잘못된 길로 가고, 누군가는 한 길을 묵묵히 걸어간다. 오르막길이 있으면 내리막길도 있고, 탄탄대로가 있으면 막다른 골목길도 있다.

　프랭크 시나트라도 「My way」에서 '나의 인생길을 내 방식대로 했다.'고 노래했다. 누구나 my way를 가는 거다. 지름길로 가든 에움길로 가든 개개인의 선택과 방향의 문제다. 미국의 국민 시인으로 추앙받고 있는 로버트 프로스트는 명시 「가지 않는 길」에서 "숲속에 두 갈래 길이 있었다. 나는 사람들이 덜 다닌 길을 택했다. 그것이 나의 모든 것을 바꿔 놓았다."라고 했다. 길은 목적지에 가기 위해서도 존재하지만 떠나기 위해서도 존재한다. 결국 우리는 길 위에서 길을 물으며 살아가는 거다.

　내가 살아온 길을 되돌아본다. 질곡의 세월을 에움길로 돌고 돌아 여기까지 오고 보니 어느새 머리에는 흰서리가 쌓여 있고 얼굴은 주름살로 뒤덮여 거울을 보기가 싫어진다. 중고등학교 30

리 길을 검정 고무신을 신고 통학했던 고난의 세월이 가슴에 한으로 남아 있다. 비포장도로라 고무신이 빨리 망가져 발가락에 피가 나올 때는 운동화가 그리도 신고 싶어 눈물을 삼켰다. 이제 그 삼십 리 통학 길 이름이 먼 훗날 '이진형길'로 불린다면, 가죽을 남기는 호랑이가 아니고 이름을 남기는 사람으로 태어난 기쁨을 두고두고 누릴 수 있지 않겠는가. 가당치도 않은 헛된 욕망일지라도 불후의 명작을 남기겠다는 꿈만은 아직 접고 싶지 않다. 뒤늦게 글 쓰는 일을 시작해서 지금 걷고 있는 '작가의 길'이 가슴 뿌듯한 꽃길이라 생각하며, 남은 세월 살아가는 동안 오직 이 길로만 뚜벅뚜벅 걸어가리라.

40점이 뭐기에

서울 와서 공무원으로 첫 직장생활을 시작하면서 20년 넘는 세월을 그놈의 40점에 목을 매달고 열심히 일했다. 1963년 최말단 직급에서 1990년 평정 승진 대상이 아닌 직급까지 5단계를 오를 때마다 결정적인 기준은 언제나 근무 평정 점수 40점이다. 이 40점이 참으로 요술 같은 숫자다. 40점을 받으면 승진하고 못 받으면 탈락이다. 그러니 그 오랜 세월 동안 오직 40점을 받기 위하여 안간힘을 쏟았다. 마치 운동선수가 올림픽 금메달을 따기 위하여 4년 동안 맹훈련을 하는 과정과 유사하다.

승진심사 절차는 100점 만점에 근무 평정, 경력 평정, 교육 점수, 상훈 점수를 합산한 상위점수 후보자를 승진 정원의 2배수로 추천하면 최종 인사권자의 낙점으로 확정된다. 여기서 가장 큰 비중을 차지하는 것이 근무 평정 점수로 40점이 만점이다. 40점의 구성비를 보면 평가 대상자의 직무 수행 능력, 창의성,

업무성과 등을 수, 우, 미, 양, 가 비율로 강제 배분한다. 일단 '수' 범위에 들어야 하고, 그것도 조직 단위로 10명 중 1명에게만 만점이 주어진다.

만점을 받았더라도 다른 조직 만점자와 또 경쟁하여 일단 2배수에 들어야 하고, 최종적으로 낙점을 받지 못하면 다음 해 다시 근무 평정을 받아야 하니 가히 승진은 바늘구멍이다. 허들경기처럼 몇 단계의 장애물을 넘어야 승진이란 결승점에 도달할 수 있다. 한 번 탈락하면 2, 3년은 훌쩍 지나가 버리고 새로운 경쟁자가 치고 올라오기도 한다. 결국 5년, 10년을 기다리다 승진을 포기하고 정년퇴직으로 직장생활을 마감하는 경우가 대다수다.

근무 평정은 승진 경기에서 가장 난코스다. 40%의 높은 비율이므로 1차 관문을 무조건 1위로 통과해야 한다. 평정자는 직속 상사다. 피 평정자로서는 평정자가 한없이 얄미울 때가 있다. 열성껏 일하고 업무성과도 올렸는데 낮은 평정 점수를 주느냐고 불만이다. 그러나 평정자 처지에서 보면 인사 규정에 따라 등급별로 차등 평정을 할 수밖에 없는 고민을 안고 있다. 평정 결과를 아무리 비밀로 해도 부하직원들은 이 눈치 저 눈치로 알아차린다. 언제나 평정 경쟁자는 바로 같은 사무실에서 하루 종일 같이 일하는 동료 직원이다. .

나와 동갑내기 K가 국장으로 승진하는 과정에서 벌어진 에피소드다. 자기 부서 평정 대상자 중에서는 당연히 선두 주자라고 과신한 그가 세 차례나 40점을 받지 못하고 승진 기회를 놓치자 그만 울분을 참지 못하고 폭발하는 사건이 발생했다. 비장한 각오로 마지막 담판을 결심한 K가 직속 상사와 술자리를 마련했다. 몇 차례 술잔이 오고 간 뒤 먼저 상사가 "무슨 할 말이 있느냐?"고 묻는다. 바로 이때라 생각하고 작심한 말을 쏟아냈다. "할 말이 있지요. 어째서 제가 받아야 할 40점을 몇 번씩이나 다른 직원에게 줍니까? 제가 그 친구보다 못한 점이 무엇인가요?" 하고는 정면으로 상사를 쏘아붙였다. 이때 상사가 인사 규정을 들먹이며 자기 고유 권한임을 길게 설명하자 가만히 듣고 있던 K는 더 이상 참지 못하고 주먹으로 식탁을 '쾅!' 내리쳤다. 그만 식탁에 놓인 술병이 엎어지고 술안주 접시 음식이 상사의 얼굴에 쏟아져 범벅이 되고 '꽥꽥' 소리를 질러댄다. 삽시간에 어처구니없는 일이 벌어졌다. K는 승진을 포기한 분풀이를 이렇게 하고 나서 그 자리를 떠나 버렸다.

　두 사람만이 알고 있는 이 황당한 사건은 K의 승리로 끝났다. 그해 기어코 40점을 받아 소원하던 국장 승진의 꿈을 이루었다. 느닷없이 부하 직원에게 수모를 당한 그 상사는 아무에게도 발설하지 않고 있다가 K에게 관용을 베풀고 40점을 주었다. 만약 그날 상사가 다음 평정은 K에게 주겠다는 의사표시라도 먼저 하였더라면 아무런 불상사 없이 기분 좋은 술자리가 되었을 텐데, K의 불같은 성격이 그만 볼썽사나운 자리를 만들고 말았다.

　K의 난폭한 돌발행동은 매우 잘못된 항변이며 상사에 대한 예의가 아니다. 지금은 퇴직자 모임에서 그날 소동을 웃음거리로

얘기하면서 '주먹국장'이라고 놀리지만, 사실은 우리 직장인의 서글픈 자화상이다.

　나에게도 두 차례 가슴 아픈 경험이 있다. K처럼 소속 부서에서 선두 주자로 40점 평정을 확신하고 있었는데 차관 비서실에서 나의 평정자에게 압력을 넣어 후배직원이 가로채기해 버렸다. 또 한 번은 KT에서 두 번씩이나 상신한 우수사원 표창을 상급 정부 기관에서 번번이 비토해 버린 사건이다. 그 이유는 지나친 자료 제출 요구를 거절했다가 그쪽 실무자와 멱살잡이 언쟁을 벌린 데 대한 보복이다. 장관 명의 상훈 1점은 근무 평정의 결정적인 요소로 한 번 포상 기회에서 탈락하면 2, 3년씩 승진 기회를 놓쳐버린다. 아이러니하게도 K의 주먹 작전은 성공했지만, 나의 경우는 실패한 사건으로 또래 친구의 빠른 승진에 울분을 삼켜야 했다.

　직장생활에서 가장 큰 즐거움은 승진이다. 언젠가는 상사의 자리에 오를 수 있다는 목표가 있기에 위 사례와 같은 가슴앓이 사건도 참고 견뎌낸다. 샐러리맨은 박봉에다 과중한 업무, 상사로부터 받는 스트레스로 고민하는 시간이 많다. 그 고민을 단번에 해결하는 방법은 깨끗이 사표를 내던지면 그만이지만 어디 사표 내기가 그리 쉬운 일인가. 직장은 개인의 성취 욕구를 충족하고 가족의 생계가 달린 삶의 터전이다. 그러기에 오늘도 수많은 직장인이 다람쥐 쳇바퀴 돌듯 지하철로 출근하면서 "그놈의 40점을 이번 평정에는 꼭 받고 말리라"고 마음속으로 다짐한다.

먼저 내미는 손

　최근 정부에서 발표한 '제3자 강제징용해법'을 놓고 여야(與野) 간에 논쟁이 뜨겁다. 여당은 '양국 공동가치부합과 미래협력관계 구축'이라 하고 야당은 '최악의 무능굴욕외교'라며 엇갈린 반응이다. 마치 '방에 가면 시어머니 말이 옳고, 부엌에 가면 며느리 말이 옳다'는 속담에 비유된다. 여야 모두 상대 당의 주장을 반박하고 있지만, 어느 주장도 전적으로 수긍하기에는 해결해야 할 난제가 남아 있다. 정부안을 발표한 외교부장관도 '컵에 물을 반쪽만 채우고 출발한 상태'라고 하였다. 이런 연유로 역대 정부마다 해결방안을 모색하였으나 완전 해결하지 못하고 지금까지 미루어 온 한일 간 최대 현안과제다.

　이 과제에 대한 나의 의견을 불쑥 털어놓으려니 다른 의견을 가진 사람들의 곱지 않은 시선이 의식되지만, 그들도 무조건 나의 의견이 옳지 않다고 무시할 수만은 없으리라. 나는 정치인도 아니고 누구의 사주를 받고 이 글을 쓰는 것도 아니다. 다만 연일 뉴스를 장식하는 국가적인 이슈에 '어느 방법이 진정 나라를 위한 길인지'를 터놓고 토론이라도 하고 싶은 심정에서 여기에 적는다.

이번에 대통령께서 더 이상 과거에 매몰돼서 국익을 해칠 수 없다는 판단하에 과감한 결단을 내렸다. 참모진의 우려에도 대통령의 결심을 막을 수 없었다고 한다. 지지율이 1%가 되더라도 모든 책임을 떠안고 난제를 해결하겠다고 나섰다. '강제동원지원재단'을 만들어 양국이 공동으로 해결할 수 있는 방안을 확정 발표하고 냉각된 한일관계를 풀기 위하여 일본 총리와 정상회담을 가졌다. 북핵에 대비한 한미일 안보체제 구축과 동결된 경제교류 복원이 기대된다. 안보와 경제, 이 두 가지는 우리 국민의 생존과 직결되는 중차대한 정책 과제이므로 대통령의 이번 결심을 환영하며, 강제징용문제가 더 이상 두 나라의 발전을 가로 막는 걸림돌이 되지 않기를 바란다.

당초 강제징용보상문제는 1963년 한일협정 당시 대일민간청구권자금에 포함되어 종결된 것으로 일본 측은 주장하고 있다. 우리 정부도 같은 맥락에서 강제 동원 희생자를 지원하기 위하여 1975년, 1989년, 2008년 세 차례에 걸쳐 관련 법률과 위원회 조직을 만들어 한시적으로 운영하였다. 이때 전국적으로 강제동원 희생자의 자진 신고를 받고 수많은 희생자 유족에게 수천억 원의 보상금을 지급하였다. 이러한 조치는 당시 청구권 자금을 포항제철 등 경제개발에 우선 투자한 정부가 희생자 유족의 아픔을 외면하지 않고 늦게나마 보상금 지급에 최선을 다한 결과라고 생각한다. 100%는 아니지만 상당 수준 희생자에 대한 보상 문제가 해결된 셈이다. 선(先) 경제개발 후(後) 보상 결정을 단행한 당시 대통령의 현명한 정책 판단이 이후 고도 경제성장의 발판이 되었다. 등소평은 일본에서 포항제철 같은 제철소를 지어달라고 할 정도로 전 세계 지도자들이 부러워하는 업적이다. 정부 발표 후 포스코는 첫 기업 출연금으로 강제동원지원재단에 40억 원을 납부한다고 발표하였다.

국가 간의 협정은 지켜져야 한다. 협정을 파기하고 일본의 주장을 뒤집으려면 합리적이고 타당한 근거를 제시해야 한다. 반일 감정만으로 이미 받아 쓴 청구권 자금과는 무관하다고 아무리 주장해 봐야 일본은 국가 간의 약속이라고 무시하는 태도로 버틴다. 일본 측 주장이 틀렸다고 반박하기에는 근거 논리가 궁색하다. 심지어 며칠 전에는 강제 동원이 아니라고까지 외무상이 망언을 하였다.

더욱이 위안부 문제는 2015년 일본이 100억 원을 한국 '화해치유재단'에 지원하기로 최종 합의하고 한일 양국 외교부장관이 공식으로 발표까지 하였으나 이마저 다음 정부에서 뭉개버렸다. 일본은 두 번씩이나 국가 간의 약속을 지키지 않아 신뢰할 수 없는 국가라고 비난하며 경제 제재로 압박을 가하고 있는 현실이 계속되고 있다. 이처럼 엄혹한 현실에서 일본과는 안보와 경제 협력 동반자로 함께 손을 잡고 미래를 열어가는 길이 국익을 최대한 도모할 수 있는 가장 현명한 판단이라고 생각한다. 우리 대통령이 이번 결단은 '제2의 한일협정'이라 할 만큼 강한 해결 의지를 보여준 데 대하여 높이 평가하고 싶다.

저녁 TV 뉴스에는 야당 대표가 규탄대회에 참석하여 '계묘늑약, 친일본색'이라며 정부의 해법을 맹비난하고 있다. 언어폭력이 도를 넘었다. 주권을 잃은 을사늑약에 비유하고, 국가의 미래를 위한 결단을 조공외교로 매도한다. 60년 전 한일협정 당시 극심한 반대 시위가 재현되고 있다. '매국노 이완용'이란 구호가 다시 등장했다. 그 당시 대통령이 야당과 학생들의 반대 시위에 굴복하여 한일국교가 성사되지 못했다면 과연 오늘의 번영이 가능했을까. 최빈국 북한과 비교하면 한일국교의 당위성을 인정할 수 있으리라.

최고 통치자의 결단은 나리의 운명을 바꾼다. 나의 생각과 다른 사람들, 특히 야당 대표와 국회의원들에게 묻고 싶다. 무한정 일본 측에 '사과와 보상'을 요구하는 방법이 진정 나라의 미래를 위한 최선의 해결책인지, 아니면 국가의 위기를 정치적인 기회로 만들어 현 정권을 흔들고, 내년 총선에 공천을 받으려는 결기가 아닌지 의심스럽다.

나 역시 태평양전쟁강제징용희생자 유족이다. 하지만 유족회가 요청한 항의 차 일본 방문, 시위 모임 등 단체 활동에는 한 번도 참가하지 않았다. 양부(養父)는 정부의 강제 징용 사망자 명단에 공식으로 등록되어 있으나 보상은 받지 못했다. 직계존비속 가족이 전멸한 상태라 지원위원회에 탄원서를 제출하고 보상을 요구하였으나 족보상 양자 입적은 인정되지 않아 거부당했다.

  양부의 억울한 희생이 제사를 지낼 때마다 상기되어 가슴이 아프지만, 정부가 발표한 제3자 해결 방안에 반대하지 않는다. 급변하는 국제정세 속에서 한일관계 개선이 시급한 과제로 급부상하고 있음에도 언제까지나 일본과 과거사 문제로 실랑이질만 계속할 수 없지 않은가. 한국이 먼저 내미는 손을 일본도 뿌리치지 못하리라.

가을이 오는 소리

 가을이 오는 소리에 귀를 기울인다. 어디쯤 오고 있을까. 계절의 순환법칙은 변함이 없으니 틀림없이 다시 돌아오겠지만 어서 빨리 왔으면 하고 기다려진다. 코로나 삼 년을 겨우 넘기고 해마다 길어지는 폭염의 계절을 견디려니 가을은 정녕 만인이 기다리는 연인이 아닌가. 그 연인이 다시 찾아오면 벅찬 가슴으로 포옹하며 가을맞이하고 싶구나. 가을의 전령사들이 지금쯤 출발 준비를 하고 있는지 또 수많은 인간이 몹시도 기다리고 있다는 사실을 알고나 있는지 먼저 편지라도 띄우면 더 빨리 오지 않을까.
 가을을 알리는 대표주자는 단연 귀뚜라미다. 팔월의 늦더위가 물러가지 않고 머뭇거리고 있어도 귀뚜라미 울음소리는 들리기 시작한다. 가을이 오고 있음을 예고하고 있다. 이때도 매미 소리는 요란하게 들린다. 귀뚜라미에게 밀려나기 싫은 마지막 발버둥이겠지만 어쩔 수 없이 다음 주자(走者)에게 바통을 넘겨야 한다.

한동안 낮에는 매미 소리가 들리고 조용한 밤에는 귀뚜라미 소리를 듣게 되니 두 주자 간에 밤낮으로 발산하는 독특한 소리가 계절의 변화를 실감케 한다.

내가 거처하는 방 너머에는 매년 가을 시즌에 귀뚜라미 음악회가 열린다. '찌르륵 찌르륵' 연주하는 곡목은 단순하지만 오래 들어도 싫증 나지 않고 정겹게 들린다. 담벼락 칡넝쿨에 보이지 않게 숨어서 밤새도록 부르는 그들만의 소야곡은 수컷이 주인공이다. 수컷은 날개를 문질러서 울음소리를 내는 데 그 목적은 번식을 위해 암컷에게 구애를 하는 수단이란다. 연정을 못 이겨 밤에 연인의 집 창가에서 연주하는 사랑의 노래 즉 세레나데인 셈이다. 귀뚜라미 세레나데가 어느새 나를 '가을 타는 남자'로 만든다. 파란 하늘과 떨어지는 낙엽을 보니 마음 한구석이 괜스레 공허해지고 고독한 분위기에 휩싸인다. 일조량이 줄어들고 기온이 내려가면서 사계절 중 가을에만 느끼는 일종의 환절기 우울증세란다. 이를 극복하기 위해서는 하루 일정 시간 햇빛을 받으며 걷거나 주변 사람들과 대화를 나누며 어지러운 감정을 비워내는 것이 필요하다고 한다. 이 처방대로 아내와 함께 서오릉 나들이를 자주 하고 향우회, 동창회 등 여러 모임에도 불려 나가 허물없이 대화를 나누며 우울한 감정을 분출한다.

계절의 변화는 사람들의 마음을 움직인다. 가을이 오면 사람들은 무슨 생각을 할까. 많은 사람이 그동안 미루어 왔거나 마음속으로 한 가지씩 하고 싶었던 일들을 실천에 옮기려 한다. 저마다 가을 계절을 보람 있고 알차게 보내려고 "이번 가을에는 꼭 하고 말 거야" 하고 야무진 결심을 하지만 뜻한 대로 다 이루지 못하고 다음 해로 넘기는 경우가 많다. 나 역시 매년 맞는 가을이지만 여든 번이 넘는 가을을 지나고 보니 무의미하게 보낸 세월이 아쉬움으로 남는다.

 가을을 예찬하는 명구(名句)들이 많다. 천고마비, 등화가친, 중추가절, 독서의 계절, 수확의 계절, 사색의 계절, 여행의 계절, 결실의 계절, 남자의 계절이라고 한다. 이 명구들의 가르침은 과거를 되돌아보고 반성하는 마음을 갖게 한다. 가을을 상징하는 이 명구들의 깊은 뜻을 깨닫고 우리는 무엇이든 의미 있는 목표를 세우고 실천에 옮기는 일이 향기로운 삶을 이어가는 바탕이 되리라. 누구나 한세상 살아가는 과정은 한 편의 연극무대로 비유할 수 있다. 본인이 연출하고 주인공 배우로 열연하는 무대이다. 얼마나 멋진 연기로 피날레를 장식하고 관중의 박수갈채를 받을 수 있느냐는 각자의 몫이다.

 가을이 오는 소리가 들린다. 앞으로 몇 번의 가을을 더 맞게 될지 모르지만 다가오는 이번 가을에는 자전 수필집 한 권을 상재하려고 마음먹었다. 질곡의 세월을 살아온 이야기와 마음속에 쌓인 응어리를 글로 써서 기록으로 남기고 싶다. 우리 세대가 고난의 시기를 어떻게 극복하고 오늘의 번영을 성취하였는가를 후손들에게 알리고 싶다. 비록 필부(匹夫)의 기록이지만 이 기록이 후손들에게 대대손손 전승되어 그들의 삶에 귀감으로 삼을 수 있다면 얼마나 보람 있는 일이겠는가.

3

금강산 연가

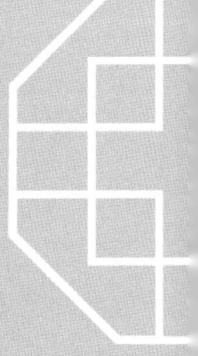

빗소리

　밤늦은 시간에 울리는 핸드폰 신호음이 선잠을 깨운다. 졸리는 눈을 비비며 열어보니 뜻밖에도 슬픈 소식이다. 문학단체에서 같은 수필 장르로 가깝게 지내 온 K 수필가가 선종(善終)하였다는 부고 문자다. 60대 초반 이른 나이에 이렇게 순서 없이 먼저 떠나가다니 놀라움과 허망함이 가슴 가득 밀려온다. 참으로 허무한 인생이다. 10여 년이나 연장자인 나는 언제 불려가려나 염라대왕에게 물어보고 싶지만 통신 방법이 없지 않은가. 수필집 한 권이라도 더 상재할 때까지 기다려 달라고 하소연하고 싶다.
　K 수필가의 인생 경력은 조금 독특하다. 직장과 가정에서 안정을 찾지 못하고 60평생을 방황하며 집시(gypsy)처럼 인생을 살아왔다고 한다. 짧은 경찰관 경력 외에는 수십 년간 이렇다 할 직장 경력이 없다. 찢어지게 가난한 집안에서 태어나 머슴살이를 하는 아버지를 따라 평생을 가난과 씨름하며 살다 보니 가난에

대한 설움이 뼛속까지 스며들어 한으로 맺혔다고 한다. 그는 『가난과 악수하며』라는 수필집 서문에 눈물겨운 글을 남겼다.

"가난은 좀 불편할 뿐이라는 소리는 얼토당토않은 소리다. 양식이 떨어져서 며칠씩 처자식을 쫄쫄 굶겨 보아라. 이웃집이 부끄러워 솥에다 물을 붓고 아궁이에 빈 불을 피워보아라. 먹지 못해 부황이 들어 온몸이 퉁퉁 부어 보아라. 그런 말이 나오는가. 흔히 '산 입에 거미줄 치랴' 하지만 풀뿌리와 나무껍질로 목숨을 이어가야 하는 참상을 겪어보지 않아서 하는 소리다. 가난은 불편함을 넘어 끔찍하고, 수치스럽고, 생사가 걸린 문제다."

그는 그토록 가난을 원수처럼 생각하면서도 원수를 갚으려 하지 않고 그와 화해하며 악수하려 하였다. 가난이 게으름의 소산이고 수치라기보다 운명이고 팔자라는 생각으로 받아들였다. 자포자기하는 생활 태도로 정상적인 직장과 가정생활을 이어가지 못하고 여기저기 기웃거리며 방랑하는 삶을 살아왔다고 실토한다. 이처럼 굴곡진 삶의 이야기를 누구에게든 털어놓고 자위하고 싶은 마음을 기록으로 남길 수 있는 수필로 풀어냈다. 수필 쓰기가 유일한 탈출구가 된 셈이다. 그러다 보니 그의 작품 소재는 온통 가난에 대한 이야기가 전부이고, 수필집 소제목도 모두 구황식품 이름들로 가득하다. 송기, 보리쌀, 쑥떡, 콩죽, 범벅, 밀가루, 밤, 메뚜기, 무, 고욤, 산나물 등이다. 이들 식품 하나하나에 가난에 얽힌 눈물의 이야기가 녹아 있다. 첫 수필집도 곁에서 지켜보던 문우가 출판비를 대납하고 발간하였다.

그의 수필집을 읽다 보니 나 역시 청소년 시절에 겪었던 가난에 대한 설움이 떠올라 어느새 그의 작품을 즐겨 읽는 애독자가 되었다. 화려한 수사(修辭)로 멋지게 쓴 글보다 극한의 체험에서 익숙해진 토속적인 단어로 가난의 비참한 상황을 묘사한 그의 투박한 글이 더 마음에 와닿았다. 동료 문인들이 "이 가난 팔이 글쟁이야! 가난 이야기는 이제 그만 우려먹어라! 지겹다." 하고 농담 삼아 일침을 놓아도 그는 피식 웃기만 한다. 유명 작가의 작품을 모방하려거나 명문을 쓰려고 안달하지 않고, 자기 작품 색깔을 고수하려는 자존심 강한 문인이었다. 알 수 없는 그의 매력에 빨려들어 점점 그와 가까운 사이가 되었다. 그의 작품을 좋아하는 나 같은 글벗이 가까이 있어 살맛 난다고 멋쩍은 웃음을 보일 때, 그의 얼굴에 피어나는 순수한 모습이 연민의 정을 불러왔다.

그는 가끔 기인(奇人)에 가까운 언행을 보였다. 동료 문인들과 회식 자리에서 만나면 늘 "나 돈 없어! 막걸리값 좀 줘!" 하는 말을 달고 다녔다. 비싼 술값이 아니니 적은 돈으로 동료들이 선심을 쓰면 천진난만한 웃음을 보였다. 두세 차례 뜯긴 친구가 "또 막걸리값이냐?"고 윽박질러도 아랑곳하지 않고 손을 내밀었다. 마치 천상병 시인의 문단 시절 일화를 떠올리게 한다. 술과 손 내미는 버릇이 천 시인과 닮은꼴이다. 실제로 그는 막걸리를 즐겨 마셨다. 회식 자리에서 밥은 먹지 않고 막걸리만 몇 사발씩 마신다. 아마도 가난의 설움을 술로 달래려다 값싼 막걸리에 중독이 된 것으로 보인다. 아직 이른 나이에 갑자기 죽음을 맞게 된 원인도 지나친 음주로 발병한 지병 때문이리라. 마지막 가는 길도 천 시인을 닮았지만 「귀천(歸天)」 같은 명시 대신 가슴에 맺힌 한을 수필집에 풀어놓고 떠났다. 시대와 환경은 다르지만, 김동인의 단편소설 『감자』의 '복녀'를 연상케 한다.

지난 몇 년간 그와 수필문학에 대한 교감을 나누며 함께했던 시간들이 하나둘 머릿속을 스친다. 한번 왔다 가는 인생이니 시간이 차이일 뿐 이승을 떠나야 하는 것은 똑같은 운명이고, 죽음이란 명제 앞에서 너나없이 한시적 생명을 이어가고 있을 뿐이다. 인생살이가 다 그러려니 하고 살면서도 나의 사후 모습은 동료 문인들께 어떻게 비칠까. 이 생각 저 생각에 잠 못 이루는 시간이 길어진다. 시곗바늘이 자정에 가까워지고 있다. 늦은 밤 날아온 비보에 잠이 달아나 버리고 눈망울이 말똥말똥해진다. 요란한 빗줄기가 마당에 있는 넓은 후박나무 잎에 떨어지면서 한 수필가의 죽음을 모스부호로 타전하는 것 같다. 점점 강해지는 빗소리가 울적한 기분을 더욱 청승스럽게 만든다. 눈을 감아 보아도 막걸리 사발이 천정에서 빙빙 돌며 뚝 뚜우욱 방울져 내리는 것은 술인지 눈물인지 모르겠다.

금강산 연가

몹시도 무덥던 그해 여름, 초로(初老)에 접어든 독신남이 젊은 아가씨와 금강산 여행을 떠났다. 일단 호텔 예약을 2실로 했기 때문에 각자 자기 방으로 들어갔다. 2박 3일간 한 호텔에 머물면서 상대 눈치를 살피는 이상한 여행이 시작되었다. 솔직히 호텔방 2실은 두 사람이 마음먹기에 따라 1실로 합치는 것은 순간이 아닌가. 안내하는 직원이 같이 와서 같은 방을 쓰지 않고 1인 1실이라 의아스러운 표정을 짓는다. 텅 빈 호텔방에 혼자 있으니 잠은 오지 않고 복도 맞은편 방에 있는 그녀의 동태에 귀를 기울였다.

먼저 전화를 할까 하다가 단념하고 바로 그녀의 방을 노크하려고 문 앞까지 가서 서성거렸다. 갑자기 가슴이 방망이질을 하면서 약속한 세 가지 조건이 번개처럼 머리에 떠올라 할 수 없이 돌아섰다. 노크를 했다가 방문을 열어주지 않으면 자존심만 구기고 망신만 당할 것 같아 조용히 기다려 보기로 했다. 혹시

자기 방으로 오라는 무슨 신호나 전화라도 걸려오지 않을까 늦도록 기다렸으나 반가운 벨소리는 울리지 않고 이틀 밤을 꼬박 전화기만 쳐다보다 잠들고 말았다. 만약 전화가 걸려왔더라면 득달같이 그녀의 방에 들어갔을 테고, 그다음은 어떻게 되었을지 상상만 해도 오금이 저린다.

'남자는 모두 도둑놈'이란 말을 듣기도 한다. 유명인사의 엽색 행각이 가끔 뉴스로 알려진다. 미국 어느 대통령은 현직에 있으면서 여직원과 부적절한 관계로 망신을 당했고, 프랑스 어느 대통령도 현직에 있을 때 밤중에 오토바이를 타고 애인을 만나러 엘리제궁을 빠져나가다가 들키고 말았다. 이런 뉴스들로 남자들의 심보를 꿰뚫은 여성들은 남자들을 모두 도둑놈이라고 성토한다. 남자들의 도를 넘은 여성 집착 행각을 윤리, 도덕, 법률로 다스리고 있지만, 지구촌 곳곳에서 남녀 사이 희한한 사건들이 그치지 않고 벌어지고 있다. 선량한 남성들까지 덩달아 도둑놈으로 몰리는 세상이 되었으니 억울하지만 어쩌겠나.

2007년 여름 필리핀 세부여행에서 그녀를 처음 만났다. 경산에 살면서 학교와 직장을 오가는 투잡 여성이다. 미모와 재치 있는 화술에 호감이 갔다. 즐거운 여행길이라 조금은 들뜬 기분으로 스스럼없이 솔직한 대화를 나누었고, 귀가 후에도 매일 친구가 되어 여행, 학교, 직장, 가정사에 대한 온갖 정보를 서로 교환했다. 1년간 꾸준히 친분을 쌓으며 어느새 여자 친구에서 연인으로 생각할 만큼 가까운 사이가 되었다. 2008년 6월 금강산 개인 승용차관광이 처음 허용되는 기회에 그녀에게 과감하게 동반

여행 의사를 타진했다. 주저하는 듯한 메일 답장을 보내왔기에 다시 솔깃한 조건을 제시하여 동의를 받았다. 여행경비 일체를 내가 부담하고, 호텔방 2실을 따로 잡되 절대로 침입하지 않을 것이며, 여행기간 중 철저히 신사도를 지킨다는 세 가지 조건이다. 사실 낯간지러운 조건이고 그대로 지켜지지 않아도 어쩔 수 없다는 흑심도 버리지 않은 채 출발했다.

장전항 비치호텔에서 그녀와의 2박은 결국 합방을 하지 못한 아쉬움이 남지만, 후과(後果)를 초래하지 않고 신뢰를 쌓는 계기가 되어 오히려 마음은 편했다. 만약 그때 한방에서 밤을 지새웠다면 나의 인생길은 다른 방향으로 흘러갔을지도 모른다. 하지만 잘된 건지 못된 건지는 앞으로의 인생행로를 점칠 수 없는 일이고, 화려한 로맨스로 인생 후반기를 장식할 수도 있지 않았을까 하는 엉뚱한 상상도 해보았다.

허물없이 지내는 친구들에게 사실대로 이야기했더니 그대로 믿지 않고 비아냥거린다. "거짓말하지 말고 모두 털어놔! 거기까지 가서 한방을 쓰지 않고 그냥 왔다면 누가 믿겠냐? 아무도 본 사람이 없으니 뻥치는 거지!" 하고 맹공을 퍼부었다. 또 한 친구는 "야 이 바보야! 무조건 일을 저지르고 봐야지!" 하고 비웃는다. 모두 그럴듯한 공격이지만 동침하지 않았다고 납득할 만한 증거를 댈 수 없으니 소이부답(笑而不答)으로 대응할 수밖에 없었다. 나의 무대응에 그들은 마음껏 상상의 날개를 펼쳤으리라.

신라 화랑이 이곳 절경에 심취해 3일간 머물렀다는 삼일포 언덕바위에서 나는 마의태자 노래를 구슬프게 불렀다, 금강산에 묻힌 마지막 왕자의 슬픈 노래 가사로 그녀의 감성을 자극해보려는 속셈에서다. 가사의 뜻을 음미하며 나를 빤히 쳐다보는 그녀의 예쁜 모습에 가슴이 설레었다. 나의 연기는 적중했다. 그녀가 살포시 나의 어깨에 머리를 기댄다. 향긋한 체취에 기분이 야릇해졌다. 영락없는 연인 사이 다정한 모습이다. 이 순간이 이번 여행의 클라이맥스였다. 독방에서 쓸쓸한 밤을 지새우게 한 보상인지 위로인지 여성의 미묘한 심리는 정말 알쏭달쏭했다. 문득 알퐁스 도데의 '별' 속 장면이 떠올랐다. 스테파네트의 잠든 얼굴을 지켜보며 꼬박 밤을 새운 목동의 심정이 이러했을까. 그는 하늘의 숱한 별들 중에 가장 빛나는 별님 하나가 그만 길을 잃고 내 어깨에 내려앉아 고이 잠들어 있노라고 했다.

  세 가지 조건이 잘 지켜지고 아무런 돌발사건도 없이 귀갓길에 올랐다. 서로에게 부담을 주지 않고 각자 위치로 되돌아간 이번 금강산 번개여행은 평생 잊을 수 없는 특별한 추억만을 두 사람의 가슴속에 깊이 남겼다. 해마다 맞이하는 여름이면 세부 여행지와 삼일포에서의 회상에 사로잡힌다. 내 마음속에 그녀의 존재는 언제나 스테파네트 아가씨 이미지로 자리 잡고 있지만, 피천득의 '인연'에서 세 번째 만난 아사코처럼 환상이 깨어지면 어쩌나 두렵기도 하다. 세월이 앗아가 버린 그 여름 연인과의 격정의 시간들이 새삼 그리워지는 것은 또 무슨 변덕인가.

사랑이 뭐길래

중학교 다닐 때 현진건의 『무영탑(無影塔)』을 읽었다. 반전을 거듭하는 소설 줄거리에 심취했고 이루지 못한 애달픈 사랑에 가슴 저리는 느낌도 경험했다. 소설가를 동경하며 사춘기 소년들이 꿈꾸는 상상의 나래를 한껏 펼쳐보기도 했다. 이른 나이에 성인소설을 즐겨 읽고 느낀 감동이 평생 가슴 한구석에 남아 만년에 이르러 이 글을 쓰는 동기가 되지 않았나 생각하니 그 시절 감동이 아련한 추억으로 되살아난다.

소설 주인공이 살았던 부여여행에서 다시 한번 '아사달'과 '아사녀'의 사랑 이야기를 반추해 보았다. 부여 석공인 아사달이 스승의 딸인 아사녀와 결혼한 지 일 년 만에 명공(名工)으로 뽑혀 경주에 와서 다보탑과 석가탑을 건조한다. 고향에 두고 온 아내를 그리워하며 정해진 사월 초파일까지 완공을 보려고 탑 건조에 온 정성을 쏟다가 그만 쓰러지고 만다. 이때 아사달을 연모하는 신라 귀족의 딸 '주만'이 구원으로 다시 용기를 내어 침식을 잊은 채 꼬박 사흘 동안 돌을 쪼아 간신히 공사를 마쳤다. 불국사에 행차한 경덕왕은 정교한 다보탑을 극찬하며 탑을 쌓은 사람이 부여에서 온 20대 석공임을 알고 더욱 놀란다.

한편 아사녀는 남편이 있는 서라벌로 떠나 불국사에 당도하였으나 일체 면회가 되지 않고 문지기가 석가탑이 다 되면 영지(影池)에 비칠 것이라고 거짓말을 했다. 영지 근처에서 몇 날 밤을 애타게 기다렸으나 탑이 그림자가 비칠 리가 없고 결국 『그림자 없는 탑』으로 소설 제목이 되고 말았다.

비치지 않는 석가탑의 그림자를 기다리다 지친 아사녀는 연적으로부터 아사달이 신라 귀족의 딸과 결혼할 것이라는 말을 엿듣다 사실로 알고 영지에 뛰어들어 자살한다. 연적인 주만도 정혼한 남자를 버리고 영지에서 아사달과 만나 부여로 도망치려 하였으나 아버지가 보낸 군졸들에 붙들려 숨을 거둔다.

이처럼 불국사의 상징인 두 탑의 건립에는 석공 아사달을 사랑했던 부여와 서라벌의 두 여인의 눈물겨운 사연이 깃들어 있다. 아사달은 두 여인 모두가 하나가 되는 환영을 돌 위에 새겼는데 그것은 거룩한 부처님의 얼굴과 같았다고 한다. 이 사연을 노래로 만들어 이인권이 부른 『무영탑 사랑』을 소설 스토리와 가사를 함께 음미하며 노래방에 가면 감정을 잡고 불러본다.

　부여길 오백 리길 님 두고 가는 길에

서라벌에 맺은 사랑 영지에 띄우면은
달빛도 별빛도 울어 주던 그날 밤
나는 가네 나는 가네 임 없는 부여 땅에

부여 떠나올 때 옷깃을 부여잡고
무영탑에 엮는 사랑 천만 년 이어 주오
청사 실 홍사 실 걸어놓고 빌던 밤
나는 가네 나는 가네 임 없는 부여 땅에

    무영탑 소설을 읽고 경주 불국사를 꼭 가 보고 싶었으나 중학교 졸업기념 경주 수학여행 때 여행비를 낼 돈이 없어 가지 못했다. 무영탑 스토리를 친구들에게 자랑삼아 들려주고 싶었지만 그만 기회를 놓쳤으니 가난한 집안 사정이 몹시도 부끄러웠다. 남녀 혼합반이라 여학생도 여러 명 함께 가서 더 즐거운 시간을 보냈다고 자랑하기에 그 후 교실에서 여학생 얼굴을 마주하기 싫었고 친구들끼리 수학여행 이야기로 웃음꽃이 필 때는 귀를 막고 싶었다. 누구나 오래도록 기억하는 학창시절 수학여행의 즐거운 추억을 나는 경험하지 못한 채 성인이 될 때까지 경주여행은 희망사항으로만 남아 있었다.
    신혼여행을 경주로 가면서 그 한을 풀었다. 신부가 희망하는 제주도를 다음 기회로 약속하고 경주로 결정한 것은 전적으로 무영탑 소설 배경을 견학하겠다는 마음이 앞섰기 때문이다. 생전 처음 불국사 마당에 들어섰다. 역사책에서 그림으로만 보던 다보탑 석가탑을 처음 보니 놀랍고 반가웠다. 두 탑의 건립 역사를 신부에게 소상히 설명하면서 소년 시절 느낀 감동을 신부와 공유하고 싶었다. 신부도 소설 주인공들의 인생행로가 너무나 비참하다고 하면서 사랑의 힘이 그렇게 강한 줄 미처 알지 못했다고 한다.

신부 입에서 '사랑의 힘'이란 말을 처음 들으니 가슴이 뛰고 기분이 좋아 나에 대한 신부의 사랑 강도는 과연 어느 정도인지 불현듯 확인하고 싶은 장난기가 발동했다. 농담조로 "내가 만약 아사달이라면 아사녀나 주만이처럼 할 수 있겠느냐?"며 신부의 눈치를 살폈다. 곤혹스런 질문에 아무런 말대꾸 없이 미소만 짓는다. 알쏭달쏭한 미소의 의미를 어떻게 해석해야 할까. 지금까지 그 의미를 알지 못하고 한평생을 살아가고 있다.

사랑을 위하여 고귀한 목숨까지 초개처럼 내던진 사례는 동서고금을 막론하고 무수히 많다. 셰익스피어의 『로미오와 줄리엣』과 같은 사랑도 있고 『대장 부리바』에서 적국 귀족의 딸과 사랑에 빠져 아버지를 배신한 대가로 죽임을 당하는 아들도 있다. 고구려 왕자를 사랑한 낙랑공주가 부왕의 뜻을 어기고 자명고를 찢는 이야기에서 사랑의 힘이 얼마나 크고 강하다는 것을 실감할 수 있지 않은가.

도대체 사랑이 뭐길래 하나뿐인 자신의 생명도 포기하면서까지 지키려 하였을까. 정말 사람의 마음이란 천길 물속처럼 알 길이 없다. 그 사랑이 나라와 부모를 배신하고 목숨을 버려서라도 기어코 지켜야 할 최고의 가치인지 아닌지 거듭 생각에 잠겨 보지만 선뜻 정답이 생각나지 않는다. 오히려 정답이 없을지도 모르는 일이다.

　노래 가사처럼 사랑 때문에 목숨을 건 그런 사랑을 바란다고 하면서도 정작 현실은 자기 본위로 계산하고 이해타산으로 엮어져 남녀 간의 신성한 사랑 서약이 파경을 맞는 사례가 부지기수다. 오늘날의 현실이 그렇다고 해서 지고지순(至高至純)한 사랑의 가치를 섣불리 폄하(貶下)하려는 해석은 옳지 않다고 생각한다. 시대를 뛰어넘어 사랑은 아름답고 고귀한 가치로 영원히 존재할 것이니까.

네 죄를 네가 알렷다

　KT 본사 전화사업 국장 시절에 있었던 일이다. 직속 상사인 본부장의 부름을 받고 방으로 들어가니 평소와 다른 싸늘한 표정이다. 무슨 심각한 문제를 꺼내려는 듯한 불안한 분위기다. 한참 동안 말이 없다가 어렵게 입을 뗀다. "이 국장, 서울 시내 가고 싶은 전화국이 있으면 말해보세요." 한다. 드디어 "올 것이 왔구나." 단번에 좌천(左遷) 인사 통보란 사실을 알아차렸다. 어느 정도 구두 경고는 예측하고 있었지만, 현업으로 나가라고 할 줄은 미처 몰랐다. 그다음 말은 물어보지 않아도 뻔하다. "네 죄를 네가 알렷다"는 말이 곧 튀어나올 것만 같았다.
　갑자기 가슴이 먹먹해지고 가혹한 조치란 생각이 들어 아무 말도 할 수가 없었다. 한참 뒤 목멘 소리로 조용히 한마디 했다. "사장님 뜻입니까?" 했더니 "그런 건 물어보지 마세요." 한다. 본사 국장 인사는 본부장과 사장이 인사권자이니 두 분의 의견이 일치된 것인지 궁금해서다. 본부장이 사장님께 책임지겠다고 사정을 하면 자리를 유지할 수도 있겠지만 평소 본부장께 미리 말씀드린 일도 없고 잘 보필하지도 못했으니 이미 엎질러진 물이라 단념하고 억울하다는 생각을 접기로 했다. 집이 있는 일산으로 직장을 선택하고 본사 빌딩을 떠났다.

이렇게 나는 본사에서 밀려나 더는 승진할 수 있는 기회를 잃었고 현업 여러 곳을 전전하다가 퇴직했다. 본사 국장 자리에 오르기까지 얼마나 많은 고초를 겪었던가. 감독관청 과장과 멱살잡이까지 하면서 뒤늦게 국장 승진 후 본사 요직에 어렵게 발령받아 희망에 부풀었는데 2년 만에 쫓겨난 셈이다.

내가 본사에서 쫓겨난 내막은 전적으로 여자 때문이다. 첫 아내와 사별하고 외로운 독신 신세가 되었을 때 우연히 한 여자를 만나 데이트를 하게 되었다. 그 여자와 차츰 가까워지면서 주말이나 공휴일에 국내외 여행을 자주 하고 급여의 대부분을 탕진했다. 직장 일에 열중하지 못하고 시계만 쳐다보며 퇴근 시간을 기다리는 나의 태도를 어느새 부하 직원들이 눈치를 챘을 것으로 짐작된다.

나의 이러한 태도를 감사실은 어디에서 정보를 들었는지 지금까지 알지 못하지만, 정보 제공자는 나에게는 한없이 미운 존재다. 이 일로 줄곧 수직(垂直)으로 상승하던 나의 직장생활은 하향길로 접어들었다. 나중에 감사실에서 나에게 귀띔해 준 사실은 사장님께서 내사결과를 이미 보고 받고 불문(不問)하라고 하셨는데도 인사 조치를 내렸으니 공직사회가 참으로 냉정한 조직임을 절실히 느꼈다. 공직자에게는 품위유지 의무가 있고, 이를 어기면 징계 사유가 된다. 나의 경우는 배우자를 잃은 상태에서 불륜을 저지르는 것도 아니고 독신 남녀의 자연스런 데이트이므로 품위 유지의무를 꼭 어겼다고 볼 수 없는데도, 인사권자는 나의 어려운 처지를 고려하지 않은 것 같다. 고위공직자일수록 처신을 더욱 조심해야 하는 것은 당연한 요구이지만, 사실 품위 유지의 무란 것이 이현령(耳懸鈴) 비현령(鼻懸鈴)이다. 그 기준은 결정권자가 해석하기 나름이다. 만약 그때 그 여자를 만나지 않았다면 보다 직장 일에 충실하여 상사의 신임을 받고 감사실 조사도 받지 않았을 텐데 지금 생각하면 후회막급하다. 자업자득으로 나의 관운이 정점에서 내려오고 있다는 생각에 마음을 비웠다. 이런 사정을 알지 못하는 동료 직원들이 왜 승진을 기다리지 않고 자진해서 현업으로 나가느냐고 안타까운 표정을 지을 때 눈물이 왈칵 솟았다. 지금도 광화문 KT 빌딩 앞을 지나갈 때면 6년간 부장, 국장으로 보낸 세월이 주마등처럼 스쳐간다.

아내가 느닷없이 정곡을 찌르는 질문을 던진다. "당신 친구는 본부장, 청장, 시장, 도지사를 거쳤는데, 당신은 왜 국장으로 끝났어요?" 하면서 아픈 곳을 건드린다. 여자 때문이라고 대답했더니 여자 좋아하다 결국 "국장으로 종 쳤군요." 하면서 조롱하는 표정이다. 한술 더 떠서 대학 동기 모임에 나가 출세한 사람들 면면을 살펴보겠다고 한다. 나의 콧대를 눌러보겠다는 심사다.

네 죄를 네가 알렷다

그냥 한번 해보는 소리겠지만 기분이 좋지 않아 "그런 소리 하지 마, 나는 지금 국장보다 더 높은 회장이야." 했더니 "무슨 회장인데?" 하기에 "초등학교 동창회장이다." 하면서 목에 힘을 주었다. 아내는 어이없다는 표정이다. 아내 말대로 아무 실속도 없고 알아주지도 않는 동창회장 자리를 나는 오랫동안 봉사하는 마음으로 지킴이 노릇을 하고 있다. 전국에 흩어진 동기생 57명의 주소를 일일이 조사하여 수첩을 만들고, 모임을 주선하고, 매년 모교 총동창회에 참석하여 선배로서의 체면을 지키려 애쓰고 있다. 작년부터는 건강이 좋지 않은 형님으로부터 16가구 회원수 60여 명의 '우리 가족 친목회' 회장 자리도 물려받았다. 까까머리 친구들과 가장 가까운 형제자매 가족들에게 베푸는 마지막 봉사다.

'주색잡기 패가망신'이란 말을 어릴 적부터 많이 들어왔다. 한평생 살다 보니 틀린 말은 아닌 것 같다. 술 마시고, 여자 좋아하고, 놀음을 즐기면 자신과 집안을 황폐하게 만들고 만다. 인간이 이 세상에 태어나서 해야 할 일 중에 보다 가치 있고, 보람되고, 훌륭한 일들은 무수히 많다. 그럼에도 오직 자신의 쾌락만을 좇아 헤어나지 못한다면 구제 불능 인간으로 낙인이 찍혀 세상 사람들로부터 따돌림을 받고 말리라. 주색잡기를 전연 멀리하고 성인군자처럼 살 수는 없지만, 그 정도가 지나쳐 평생을 그 유혹에 빠져나오지 못하면 패가망신은 당연한 일이다.

최근 어느 시장, 도지사는 여성 문제로 자살하거나 영어의 몸이 되어 세인의 비난을 받고 있다. 하루아침에 평생 쌓아온 명예와 자리를 잃고 말았다. 모두 여자 때문에 생긴 일이지만 그 책임은 전적으로 남자에게 있는 것이지 절대로 상대 여성에게 떠넘길 일은 아니라고 생각한다. 부끄러움을 무릅쓰고 이 글을 쓰는 나 자신도 크게 뉘우치며 스스로 자책하는 마음으로 고개를 숙인다. '상처가 망처'란 말이 나에게는 그대로 맞는 말이 되었다. 상처 후 어쩔 수 없이 새 반려자를 만나려는 과정에서 인사상의 불이익 처분을 받았고, 나의 생각과 타인의 평가가 다를 수 있다는 사실도 절실히 깨달았다. 어쩌다 여러 여성과 인연이 닿아 격정의 시간을 보낸 그때를 생각하니 후회만 남는다. 이제는 모두 흘러가 버린 시간들, 결코 되돌릴 수 없는 과거의 일이니 타고난 숙명이라 생각하고 안분지족(安分知足)하는 마음으로 여생을 즐겁게 살아가련다.

인생도 승부다

 노름판에서 따라지와 땡은 현격한 차이가 있다. 군인 계급에 비유하면 사병과 장성급 차이만큼이나 크다. 어느 패를 잡느냐에 따라 판돈의 소유권이 달라진다. 따라지는 한 끗이다. 잔뜩 기대를 가지고 두 장의 화투장을 죄어보니 합한 숫자의 끝자리가 1이다. 노름꾼들이 제일 싫어하는 따라지 패다. 가장 낮은 끗발을 잡았으니 한숨이 절로 나온다. 이 끗발로는 돈을 내지를 엄두를 낼 수 없으니 화투장을 내던질 수밖에 없다. 그 많은 끗발 중에 왜 하필 따라지란 말인가.

 그에 비하여 땡은 매우 높은 끗발이다. 화투 두 장이 똑같은 땡 패를 잡았으니 십중팔구 상대를 제압하고 돈을 딸 수 있다. 모든 노름꾼이 땡 패를 잡으려고 안달하지만 가뭄에 콩 나듯 어쩌다 한번 땡을 잡으면 그 희열감에 가슴이 두근거린다. 10개의 땡 중에서는 장땡이 최고 끗발이다. 어떤 경쟁에서도 최고이면

"장땡 잡았다"고 환호성을 올린다. 규칙상 더 높은 끗발은 없으므로 모두 장땡에게 눌리고 만다. 장땡을 잡으면 느긋하게 상대 도전자가 많은 돈을 질러주기를 기다렸다가 바닥에 쌓인 판돈을 몽땅 쓸어오면서 도박의 쾌감을 즐긴다. 하지만 상대가 헷갈리도록 표정 관리를 잘해야지 큰 땡으로 눈치 채고 모두 들어가 버리면 판돈이 줄어든다.

'섰다' 노름은 똑같이 주어지는 두 장의 화투 패 숫자를 합하여 정해진 규칙에 따라 한 끗이라도 높은 끗발이 판돈을 차지하는 게임이다. 승산이 있다고 판단되면 '섰다'라고 외치면서 돈을 더 태우고 버틴다. 일명 '섰다 족보'로 불리는 정해진 서열규칙은 인정사정없이 엄격히 집행된다. 밤새도록 수백 번의 화투 패를 돌려도 예외 없이 지켜지고 아무리 서운하고 억울해도 패자는 절대 항의할 수 없다. 잃은 돈을 포기하고 일어서든지 다음 판을 노려야 한다. 노름판은 긴장이 연속이다. 판돈이 커지면 살벌한 분위기가 감돈다. 몇 명이 둘러앉아 두 장의 화투장을 손 가운데 감추고 죄는 순간은 스릴이 넘친다. 노름꾼은 이 맛에 길들여 도박중독자가 되기도 한다.

노름판의 대결장면은 한 편의 드라마다. 상대를 속이거나 꾀어서 끌어들여야 한다. 가히 『삼국지』 손자병법이 동원된다. 먼저 자기 끗발이 확인되면 상대 선수의 눈치를 살핀다. 저 상대는 "몇 끗을 잡았을까?" 얼굴 표정과 동작을 유심히 살핀 후 돈을 지를 건가 말 건가를 아주 짧은 순간에 결심해야 한다. 장땡을 잡고도 시치미를 뚝 떼고 "이 끗발로 될까? 에라 모르겠다. 한번 질러나 보자!" 하면서 나오는 상대의 위장 술책에 넘어가 오기로 판돈을 키웠다가는 큰돈을 잃고 가슴을 친다. 규칙상 장땡이 최고 끗발이니 어정쩡한 중간 끗발로 맞붙었다가 당한 꼴이다.

반대로 다음 판에는 상대 말을 곧이곧대로 듣지 않고 아예 포기하고 말았더니 막상 상대가 까놓은 끗발은 한참 아래가 아닌가. 마음 같아선 상대의 멱살을 잡고 흔들고 싶지만, 규칙이 엄격하니 분을 삭여야 한다. 이래서 노름판은 돈 놓고 돈 먹기다. 이처럼 판마다 희비가 엇갈리고 반전을 거듭하는 묘미에 노름꾼들은 쉽게 단념하고 일어서지 못한다. 오늘은 재수 없는 날이라 돈을 잃었지만, 내일은 기어코 설복하고 말리라는 강한 집착으로 노름판을 맴돈다. 경찰이 주부도박단 비밀 아지트를 습격하여 검거하는 장면을 TV로 보면서, 얼마나 도박에 중독이 되었으면 가정주부가 저렇게까지 빠질 수 있을까 안쓰러운 마음에 옆에 다소곳이 앉아 있는 아내가 그저 고맙기만 하다.

승부의 세계는 잔인하다. 드라마 「올인」에서 각자 삶의 전부를 걸고 마지막에 올인하는 장면은 그야말로 감동과 스릴의 극치를 보여준다. 노름판도 판돈 전부를 놓고 마지막에 승부를 겨루는 결정판에서 이기면 횡재이고 지면 쪽박신세가 되고 만다. 힘들게 살아가는 우리의 인생살이도 노름판의 생리와 비슷한 점이 많다. 불우한 처지에 있는 사람은 자기의 처량한 신세를 '따라지 인생'이라고 탄식하는가 하면, 뜻밖에 얻어진 행운으로 부자가 되어 "땡잡았다"고 큰소리치는 사람도 있다. 인생살이에는 세 번의 행운이 찾아온다고 한다. '따라지 인생'도 살다 보면 언젠가는 땡을 잡는 기회를 맞이할 수 있으리라.

나의 살아온 지난날도 '따라지 인생'으로 출발했다. 산간 오지에서 어렵게 학창시절을 보내고 첫 직장으로 체신부에 발령을 받으니 '따라지부'라고 조롱하는 풍조에 어깨에 힘이 빠졌다. 체신부가 12개 정부 부처 중에서 서열상 맨 끝인 데다 취업 선호도가 다른 부처에 비하여 낮음을 야유하는 소리다. 거기에다 키도 작고 볼품없는 나의 존재는 영락없는 따라지 신세다. 이 신세를 면하려고 오랜 세월 직장에서 열심히 일한 결과 이제는 중산층 수준의 삶을 누리게 되었으니 그나마 다행으로 여긴다. 화투 끗발로 치면 조금 부풀려서 '따라지 땡' 정도는 되지 않을까 싶다. 땡은 땡이지만 나도 땡이라고 선뜻 나서기가 주저되는 꼴찌 땡이 아닌가.

따라지 신세에서 그나마 '땡' 수준에 이르렀으니 이제는 욕심을 내려놓고 인생살이 노름판을 떠나야 하지만, 마지막으로 남은 생애를 살아가는 동안에 단 한 번만이라도 장땡을 잡고 싶다. 그 장땡은 명작수필이다. 후대에 길이 전수될 한 편의 명작수필을 남기는 일이다. 문학을 공부하는 후예들이 나의 작품을 즐겨 읽고 이름이라도 기억해 주었으면 하는 소망에서다. 나는 과연 소망대로 장땡을 잡을 수 있을까?

물레방아

고향 노래는 언제나 가슴을 적신다. 누가 먼저 부르기만 하면 잘도 따라 부른다. 고향에 대한 그리움을 노래로라도 달래보고 싶은 한결같은 마음 때문이리라. 고향을 떠난 사람이 너무나 많다. 서울 인구는 토박이보다 전국 각지에서 모여든 시골 사람으로 넘쳐난다. 그러다 보니 명절 때는 민족대이동이란 말이 나올 정도로 고향을 찾아가는 귀성객이 엄청나다. 너나없이 향수병에 시름겨워하는 사람들이다. 더욱이 북쪽에 고향을 두고 온 실향민이나 재외동포들의 향수병은 오래된 고질병이다. 이 병에는 약도 없으니 그저 노래로 위안을 삼을 수밖에 없지 않겠는가.

이번 추석 전날 밤에 나훈아 '대한민국 어게인' 쇼를 눈여겨 시청했다. 답답한 시국에 정말 가슴이 후련한 사이다 맛을 봤다. 진행은 고향, 사랑, 인생 3부로 나뉘어 그의 수많은 히트곡을 열창하는 가운데, 첫 주제인 「고향 노래」에서 '물레방아 도는데'가 나의 마음을 녹였다. 최고의 가수가 부르는 매혹적인 음성은 가슴에 쌓인 시름을 시원하게 씻어 내려주었다. 또 가사는 얼마나 가슴을 아리게 하는가. "돌담길, 징검다리를 건너 서울로 떠나간 사람은 오늘도 물레방아는 돌아가고 있는데, 가을이 다가도록 소식도 없다."라고 탄식한다. 이 가사는 바로 나의 이야기길래 애창곡이 되어 수십 년 동안 수십 번을 불렀다.

또 물레방아에 얽힌 갖가지 사연들은 문학의 소재로 다루어져 독자들의 감성을 자극한다. 이효석의 단편소설 『메밀꽃 필 무렵』에서 주인공 허생원이 젊은 시절 성서방네 처녀를 우연히 만나 인연을 맺은 곳이 바로 물레방앗간이다. 그때 낳은 아들이 왼손잡이 동이임을 확인하고 동이 엄마가 있는 제천으로 함께 떠나는 마지막 장면은 이 소설의 백미다. 봉평 효석문화제에 세 번씩이나 찾아가 재현한 물레방앗간에서 두 남녀의 그날 밤을 상상하며 미소를 지었다. 장돌뱅이 허생원에게 그런 행운이 있을 줄이야. 그날 밤을 잊지 못하고 성처녀를 찾아 봉평장을 떠돌다 늦게나마 동이를 만났으니 또 한 번 행운을 만난 셈이다.

나도향의 소설 『물레방아』를 TV문학관에서 시청했다. 지주 신치규가 자기 집에서 머슴살이를 하는 방원의 젊은 아내를 유혹하여 물레방앗간에서 벌이는 애정행각과 비극적 종말이 소설의 줄거리다. 빈곤한 삶에 지쳐 늙은 지주의 유혹을 받아주는 젊은 여인의 선택은 마치 이수일을 배신하고 김중배에게 향하는 심순애의 선택과 유사하다. 방원은 복수의 칼을 품고 물레방앗간을 찾아간다. 마침 그곳에서 밀회를 즐기고 있는 신치규를 죽이려다 미수에 그치고, 아내에게 멀리 도망가자고 애걸했으나 거절당한다. 가난이 싫어 호강을 선택한 아내는 결국 남편에게 목이 졸려 살해되고 만다. 위 두 작품 모두 물레방앗간을 배경으로 소설의 극적 장면을 묘사한 걸작이라 오래도록 기억에 남아 있다. 「물레방아」의 남녀 주연 탤런트 김기섭, 하미혜 두 사람을 직장 상사의 잔칫집에서 만나본 일이 있다. 하미혜 씨를 보고 "다시 살아났군요." 했더니 살짝 웃는다. 미모의 자태가 소설 속 금분의 역에 딱 맞는 배우로 보였다.

　물레방앗간이 어떤 곳인가. 물의 낙차를 이용하여 큰 바퀴를 돌려서 곡식을 찧거나 빻는 곳으로 옛날 정미소 시설이 드문 시골 마을 강변에 주로 설치되었다. 집 안에 설치되어 사람의 힘으로 찧어대는 디딜방아보다는 몇 배나 빠르고 능률적인 정미시설이다. 무엇보다 고향을 떠난 사람들에게는 향수, 추억, 낭만이 깃들어 있는 그리움의 대상이며 고향의 상징물이다. 우리 고향 반변천에 설치된 물레방아에서 쏟아지는 물로 목욕을 하던 어린 시절이 평생 잊히지 않고 가슴 한구석에 도사리고 있다. 물레방아를 보면 가장 먼저 고향 생각이 난다.

　눈을 감고 고향의 물레방아를 그려보며 명상에 잠긴다. '물레방아 인생'이란 가사처럼 똑같은 일상을 반복하는 우리네 인생살이가 물레방아 운명과 비슷하지 않은가. 끊임없이 돌아가는 바퀴에서 인생행로를 연상하고, 고정된 축에서 벗어나지 못하므로 운명적인 굴레를 생각할 수 있고, 서정과 낭만 분위기에 남녀의 연애 장소로 상상되기도 한다. 서로 좋아하는 남녀가 동네 사람 눈을 피해 따로 만나고 싶어도 마땅한 장소가 없던 시절에 마을에서 따로 떨어져 있는 물레방앗간은 최적의 밀회 장소로 애용되던 곳이다. 우리 마을에 고등학교 일 년 후배로 유달리 예쁜 여학생이 있었는데 물레방앗간을 지나다닐 때마다 그녀의 얼굴이 떠오르고 가슴이 두근거렸으니 나에게 물레방앗간은 영원히 잊을 수 없는 추억의 장소다.

물레방아를 볼거리나 영업수단으로 그대로 재현한 곳을 가끔 볼 수 있다. 서오릉 고개를 넘자마자 대형음식점에 설치된 물레방아가 손님의 마음을 읽은 듯 잘도 돌아간다. 고향에 가고 싶은 사람은 자기 업소로 오라고 손짓하는 것 같다. 소문난 일동 갈빗집 마당에 설치된 물레방아도 갈비 맛을 더해준다. 음식점 주인들이 향수를 불러오는 물레방아를 설치한 아이디어가 돋보인다. 지난봄에 고향에 내려갔더니 옛날 물레방아 자리는 그대로인데 관광지 음식점으로 개조되어 영업을 하고 있었다. 다행히 없어지지 않고 다시 볼 수 있어서 무척이나 반가웠다.

고향에 아직도 남아 있는 물레방아가 명색이 작가인 나에게 한마디 한다. "당신은 나를 만나 행복했고, 나의 존재가치를 꿰뚫고 있으면서 이제야 나에 대한 글을 쓰느냐"며 원망 어린 눈초리로 흘겨본다. "우리 고향 물레방아님, 다른 쪽으로 한눈을 팔다 늦었습니다. 당신의 가치를 몰라서도 아니고 싫어서도 아닙니다. 당신은 우리 고향 사람의 로망입니다. 당신이 지켜온 아름다운 전설이 퇴색되지 않도록 명품수필로 보답하겠습니다."

부지깽이

어머니께서 이 세상을 하직하신 지도 벌써 10년이 넘는 세월이 흘러갔다. 떠나가실 때 연치(年齒)가 97세였으니 이 땅에 태어나 거의 한 세기 동안 격랑의 파고를 곡예사처럼 용하게도 타고 넘으며 살아오셨다. 몇 가구 되지 않는 깊은 산골 마을로 열다섯 살에 시집을 와서 두 살이나 어린 지아비의 아랫도리옷을 벗기고 목욕까지 시켜 주었다고 한다. 혈육으로 여섯 남매를 출산하여 두 아이는 일찍 사망하고 네 남매가 아직 살아 있으나 형님과 나는 이미 80대 나이고 두 동생은 70대다.

어머니는 30대 중반에 6·25전쟁 소용돌이 속에 아버지를 잃고 청상과부가 되어 우리 네 남매를 키우셨다. 어머니가 겪은 모진 고생은 그야말로 눈물로 얼룩진 여자의 일생이었다. 어머니 생각이 떠오를 때면 언제나 부엌 아궁이 앞에서 부지깽이로 땔감을 밀어 넣으며 눈물을 훔치시던 어머니 모습이 잊히지 않는다. 그 눈물은 매운 연기와 고된 시집살이의 설움이 한데 어우러져 흘러내리는 눈물이었으리라.

　부지깽이는 아궁이에 불을 땔 때, 불더미를 헤치거나 끌어내는 데 쓰는 나무 막대기다. 산에서 베어온 땔감 중에서 잘 부러지지 않는 싸리나무가 주로 쓰였다. 하루 몇 차례씩 사용하다 보니 어머니에겐 가장 친숙한 생활 도구가 되었다. 지금은 땔감을 쓰지 않으니 부지깽이가 사라진 시대지만 오랜 세월 우리의 어머니들은 부엌에서 부지깽이로 적당히 불을 조절하면서 밥을 짓고, 국을 끓이고, 감자도 찌고, 미역국도 끓였다. 처음 불을 지필 때 불쏘시개로는 바짝 마른 솔잎이 불이 잘 붙는다. 가마솥에 불을 지펴야 할 온갖 일들은 모두 부지깽이가 지금의 리모컨처럼 사용되었다. 부지깽이로 불 속을 들쑤시면 산소가 공급되는 공간이 만들어져 불이 잘도 탄다. 불 속을 휘젓다 보니 끝이 까맣게 탄 부지깽이가 늘 부엌 구석에 세워져 있던 시절이 지금도 눈에 선하다.

　아궁이에 타는 불이 너무 세거나 약하면 부지깽이로 잘 조절해서 가마 속 식품이 타지 않게 해야 하는데 다른 일을 하다가 그만 깜박 잊고 그대로 두면 고두밥이나 죽밥이 되기가 십상이다. 그리되면 어김없이 할머니의 볼멘소리를 들어야 한다. 가끔 할머니 꾸중을 말없이 듣고 계시던 어머니 모습이 가련하게 보였다. 우리 할머니는 며느리를 지독하게 야단치는 시어머니로 이미 동네 사람들 입방아에 단골 메뉴로 등장한다.

또래 아주머니들끼리 우물가에서 만나면 "한내 댁은 별난 시어머니를 잘도 모시네." 하면서 어머니를 위로하기도 하였다. 한내 댁은 어머니가 대천(大川)이란 곳에서 시집을 왔기에 우리말로 붙여진 택호이다.

　이 부지깽이는 가끔 다른 용도로도 쓰인다. 밥을 짓고 남은 아궁이 잔불에 감자나 밤을 구워 먹을 때는 부지깽이가 제격이다. 한번은 생밤을 구워 먹다가 그만 터지는 바람에 뜨거운 재를 얼굴에 덮어쓴 일도 있었다. 집에서 기르는 개나 닭이 부엌으로 들어와 먹을 것을 훔치려고 하면 부지깽이를 휘둘러 내쫓기도 하고, 동네 아이들과 마당에서 땅따먹기하려고 줄을 그을 때도 부엌에 있는 부지깽이를 사용한다. 밤중에 오줌 지도를 그린 이웃집 아이가 키를 쓰고 소금을 꾸러 왔을 때 할머니가 연기가 폴폴 나는 부지깽이로 닦달하시던 장면이 머릿속에 그려진다. 그 아이는 지금쯤 노인이 되어 어디에 살고 있는지 그때 겪은 부지깽이 곤욕을 평생 잊지 않고 기억하고 있으리라.

　초등학교 시절 같은 반 친구는 공부를 안 하고 온종일 강가에서 놀다가 자기 어머니 부지깽이 세례를 피해 우리 집으로 도망쳐온 일도 있었다. 이처럼 아이들 훈육에도 쓰였다고 하나 나는 한 번도 어머니로부터 부지깽이로 맞아 본 일은 없다. 김주영 소설 『홍어』에서 부엌에 숨은 삼례를 부지깽이로 쿡쿡 찌르는 장면이 나온다. 가을철 앞마당에 빨갛게 익은 대추 서리를 할 때도 부지깽이로 두드리면 빨간 대추가 나무 밑으로 우두둑 떨어졌다.

마당에서 깨나 콩 단을 털 때도 유용하게 쓰였다. 모내기 철에는 부지깽이도 뛴다고 하였다. 한창 바쁜 농번기에 농부들의 세 끼 식사와 참까지 준비하노라면 부지깽이도 여러 번 급하게 사용되었음을 알 수 있다.

또 어머니가 마당에서 할머니와 함께 길쌈 일을 할 때면 나보고 부엌에 있는 부지깽이를 가져오라고 하셨다. 더운 여름철에 마당에 약한 불더미를 만들어 놓고 삼베나 무명실을 가늘게 뽑아내는 힘든 작업 과정을 실수 없이 하려고 땀을 흘리며 애쓰시던 어머니 모습이 잊히지 않는다. 잘못하면 애써 뽑아낸 실타래를 태울 수도 있으므로 부지깽이로 불더미를 이리저리 파헤쳐 온도를 알맞게 맞추는데 나도 한몫 거들었다.

이렇게 만들어진 무명실감으로 베틀에서 옷감을 짠다. 초등학교 시절 밤늦도록 베틀 소리를 들으며 어머니는 언제 주무실까 기다리기도 했다. 매우 힘든 과정을 거쳐 만들어진 필목을 일 년에 몇 필씩 장날에 내다 팔아 돈을 마련하였다. 아버지 면서기 급여 대신 어머니가 집에서 목돈을 마련할 수 있는 유일한 수입원이었다. 이렇게 부부가 알뜰히 돈을 모아 논밭을 한 마지기씩 불려 나가다 보니 어느새 동네 알부자로 소문이 났다. 그때가 온 가족 일곱 명이 오손도손 함께 모여 살았던 가장 행복한 시절이었다.

아침 식사를 차리느라 싱크대 앞에 선 아내를 바라본다. 옛날 생각이 떠올라 그때와 지금 우리들의 삶의 환경을 가만히 비교해 보니 엄청나게 달라졌다. 초가집은 아파트로, 호롱불은 전기로, 우물물은 수도로, 땔감은 가스로, 부엌은 싱크대로, 가마솥은 전기밥통으로 생활방식이 가히 천지개벽이라고 할 만큼 바뀌었다. 어머니 시대는 초가집 컴컴한 부엌에서 우물물을 길어 가마솥 아궁이에 나무로 불을 때서 차린 밥상을 호롱불을 켜고 온 가족이 모여 식사를 했다.

지금 아내는 깨끗한 싱크대 앞에서 수도꼭지에서 쏟아지는 더운물로 쌀을 씻어 전기밥통에 넣고 조금 기다리면 밥이 다 되었다고 알려주는 호강을 누리고 산다. 얼마나 편하고 풍요로운 시대에 살고 있는가. 어머니와 아내의 시대가 이렇게 달라도 어머니는 아무 불평 없이 시어머니 잔소리를 들으며 살아오셨는데, 지금의 아내들은 과연 어머니 시대처럼 살 수 있을는지 선뜻 대답할 말이 나오지 않는다.

나는 지금도 어머니가 생전에 기거하시던 그 방에서 잠을 잔다. 문득문득 추억에 잠길 때면 고향 초가집의 부엌 전경과 부지깽이를 들고 계시던 어머니 모습이 떠오른다. 부지깽이 시절에 겪었던 갖가지 추억은 흘러가 버린 시간 속으로 사라졌다. 그 추억의 저편에서 어머니의 환영이 그리움으로 다가온다. 다시 그 시절로 되돌아가 어머니와 함께 아궁이 앞에서 감자를 구워 먹고 싶은 마음이 불현듯 솟구치며 정다운 이름 부지깽이가 눈앞에 아른거린다. 아, 나의 어린 시절이여.

대머리 타령

나의 머리 상층부는 완전히 민둥산이다. 신체 외모에서 가장 먼저 눈에 띄는 곳이 이 지경이 되었으니 사람들과 상면할 때 우선 수치심을 느낀다. 왜소한 체격에 대머리까지 되었으니 첫인상이 볼품없는 몰골이다. 거울을 보면 한숨만 나온다. 대머리 모습으로 평생을 살아갈 수밖에 없는 신체조건을 타고난 것이 그지없이 서럽다. 옛말에 신언서판(身言書判)을 남자의 출세기준이라 했는데, 일 번 기준인 신체조건이 당당하지 못하니 애당초 크게 출세하기는 틀려버린 팔자가 아닌가. 다음 기준에 있는 글로나마 일 번 기준을 따라잡아 보려고 안간힘을 써보지만 이미 너무 늦은 나이가 안타까울 뿐이다.

한평생 살아오면서 나는 체격이 건장하고 머리숱이 많은 사람이 가장 부러웠다. 길거리에서나 TV에서 그런 남자를 보면 한번 더 쳐다보고 나는 왜 키도 작고 대머리로 태어났을까 마음속으로 한숨을 삼킨다. 어머니에게 철없는 소리로 하소연하면 머리숱이 많은 당신 머리털을 몽땅 옮겨주고 싶다고 하셨다. 40대부터 심한 탈모현상에 고민하며 온갖 노력으로 두발 복원작업에 정성을 기울였지만, 성과가 없었다. 50대부터는 걷잡을 수 없을 정도로 속도가 빨라지더니 급기야 상층부의 50%가 민둥산으로 바뀌었다. 인공으로 해결할 수 없다는 판단을 내리고 그대로 두기로 했다.

 나무가 없어 벌거벗은 자연 민둥산은 인공으로 해결이 가능하다. 우리나라는 산림 녹화사업에 성공하여 휴전선 이남이 푸른 산으로 바뀌었다. 최고 통치자의 강력한 정책 의지가 산림 면적이 많은 우리 국토의 지형을 바꾸어 놓은 것이다. 산불이 나면 해당지역 군수가 면직되기도 했으니 푸른 산 가꾸기에 얼마나 공을 들였는지 알 수 있다. 그러나 인간 민둥산 해결방법은 국가 정책으로 해결할 수도 없고 개인이 아무리 노력해도 해결되지 않으니 참으로 답답한 노릇이다. 신기한 것은 아무리 나이가 많아도 턱수염은 줄어들지 않고 계속 자라나서 사흘에 한 번씩 면도를 한다. 잘 자라는 턱수염은 없어도 좋으니 차라리 그 발모조직을 머리 상층부로 옮길 수 있는 의학기술은 개발할 수 없을까 면도를 할 때마다 생각이 난다.

 의학계의 탈모 방지제나 발모제 개발은 아직까지 두드러진 성과가 없고 연구과제로 남아 세계 수많은 대머리 군상들이 학수고대(鶴首苦待)하며 기다리고 있다. 만약 인공으로 대머리 고민을 해결할 수 있다면 TV에 얼굴을 자주 드러내는 세계 국가 정상, 연예인, 유명 인사 모두가 보기 민망한 대머리 모습을 그대로 두지는 않았을 것이다. 그들은 성능이 뛰어난 발모제 신약이 출시된다면 누구보다 먼저 반길 것이고, 그 약품은 아마 '패니실린'처럼 금세기 최고의 발명품이 되리라. 나 자신도 대머리를 해결할 수만 있다면 아무리 고가라도 즉시 신제품을 구입해서 하루라도 빨리 숱 많은 머리털을 바람에 날리며 거리를 활보하고 싶다.

근본적인 대머리 예방대책이 없다 보니 임시방편으로 연예인은 물론 일반인에게까지 가발사용이 보편화되고 있다. 특히 대중 앞에 얼굴을 드러내는 유명배우, 가수, 아나운서들 중에서 가발을 쓴 모습을 보면 자연스럽고 젊게 보이는 외모가 좋은 인상을 보여준다. 그렇지만 한 번도 본 적이 없는 그들의 가발 벗은 실제 얼굴 모습을 상상하면 웃음이 절로 나온다. 가발관리가 매우 번거롭고 귀찮은 일인데도 직업상 유지할 수밖에 없는 인기인의 고충을 짐작하면 동병상련(同病相憐)의 심정에서 안쓰러운 마음으로 바라본다.

나도 아내의 성화에 못 이겨 연예인 광고에 나오는 광화문 가발점포에 끌려갔던 적이 있다. 고정식 수시식 두 가지 방법이 있는데 설명을 듣고 나니 두 가지 모두 마음에 들지 않고 정말 하기 싫어서 다른 말은 잘 들을 테니 제발 가발만은 강요하지 말아 달라고 사정을 해서 겨우 승낙을 받고 점포 문을 나왔다. 아내의 심정을 이해는 한다. 같이 다니면 비정상 부부로 오해를 받을 수 있으니 가발이라도 써서 조금 자연스럽게 보이자는 뜻인데 아내의 당연한 요구를 들어주지 못해 미안할 따름이다. 외출할 때는 조금 떨어져 걷거나 더운 여름이라도 식당에서 모자를 벗지 않고 땀을 흘리며 식사를 한다. 대머리 때문에 40대부터 받는 이 굴욕은 이 세상 끝나는 날까지 계속될 것이다.

대머리는 질병은 아닐지라도 완치가 어려운 고질병이나 다름없다. 머리칼이 정상적인 사람보다 더 위축되고 불리한 조건이 많다. 무엇보다 나이 들어 보인다. 요즘처럼 외모가 우선시되는 사회생활에서 실제 나이보다 훨씬 늙어 보인다는 것이 얼마나 속상하고 기분 나쁜 일인가는 설명할 필요가 없다. 현직에 있을 때 상사 방에 결재를 받으러 들어가면 "자네가 본부장 같네." 하길래 "그러면 바꾸어 앉으시죠." 하려다 참았던 적이 있다. 승진 열쇠를 쥐고 있는 인사권자라 비위를 맞출 수밖에 없었다. 가장 충격을 받은 사건은 나의 외모가 또래보다 5년 이상 더 늙어 보인다는 것을 알았을 때이다. 고향에 내려갔을 때 처음 보는 형님 친구분이 "군수님 백 씨(伯氏)께서 서울서 내려오셨군요." 하는 말에 말문이 막혀버렸다. 당시 현직 군수인 맏형은 나보다 5년이나 앞선 연령이었으니까.

또 대머리는 기후 영향을 정상인보다 많이 받는다. 머리 피부를 보호해줄 머리칼이 없기 때문에 외부 온도에 민감하다. 여름에는 더 덥고 겨울에는 더 추위를 타므로 밤에 잘 때도 수건을 머리에 써야 편히 잠들 수 있다. 외출할 때는 꼭 모자를 써서 체온을 유지해야 하므로 여름용 겨울용 모자가 10여 개나 옷장 속에 쌓여 있다. 한 번은 모자를 쓰지 않고 TV에 출연했다가 졸업 후 한 번도 만난 적이 없는 초등학교 동기생이 부산에서 전화를 걸어와 "너 왜 그렇게 대머리가 되었느냐?"며 폭소를 터뜨린 적이 있다. 까까머리 소년 시절 모습만을 기억하고 있다가 놀랄 수밖에 없었으리라.

대머리의 수난(受難)은 끝이 없다. 특이한 외모는 평생 놀림감이다. 여자가 뽑은 최악의 남자 외모 1위는 대머리라고 하지 않는가. 직장 생활을 할 때나 여러 모임에서 사람을 만날 때면 화제가 나의 외모로 시작된다. "아~ 시원하십니다. 반짝이 아저씨!" "정력이 세서 여자들 좋아하겠어요!" "비누 샴푸도 절약되겠어요. 이발 요금도 깎아 주나요?" "부(富)티나 보이네요. 대머리 거지는 못 봤어요." "장(長) 자리 관상입니다. 어느 대통령 닮았네요." 한다. 그들이 장난으로 하는 농담에도 모멸감을 느끼지만, 그냥 못 들은 척 참고 넘긴다. 그놈의 소리는 수십 년 듣고 살았는데 이제는 고칠 수도 없으니 신세타령을 할 수밖에 없지 않은가.

누구나 한두 가지씩 고민을 안고 타령을 하며 살아가는 게 인생살이다. 못난 타령, 가난타령, 신세타령으로 한숨짓다가 마지막에는 팔자타령으로 돌린다. 나 역시 이렇게 대머리 타령을 늘어놓을 수밖에 없는 팔자를 타고났으니 누구를 원망할 수 있겠는가. 옛적부터 명창의 판소리는 인생의 굴곡진 삶의 애환을 소리로 녹여내어 우리의 가슴을 후련하게 풀어 주었다. 하지만 그 많은 판소리 가운데 대머리의 한을 풀어주는 대목은 듣지 못했다. '쑥대머리'처럼 새로 '대머리 타령'을 판소리에 담아 이름난 명창이 한풀이로 불러준다면 수십 년 쌓인 대머리 굴욕이 눈 녹듯 녹아내리리라.

주소 없는 편지

　아버지! 어디에 계시온지요? 6·25 전쟁 중에 홀연히 집을 나가신 후, 여태껏 돌아오시지 않으니 어찌 된 일입니까. 벌써 70년 세월이 흘렀습니다. 제가 아버지를 마지막으로 뵈온 때가 초등학교 6학년 열세 살이었습니다. 그때부터 지금까지 아버지를 기다려 왔습니다. 처음 몇 년간은 곧 돌아오시리라 기대하면서 아버지가 가실 만한 곳을 찾아다녔습니다. 혹시 아버지를 보신 분이 있으면 소식이라도 전해 들을까 일일여삼추(一日如三秋)로 기다려 왔습니다. 노심초사(勞心焦思)하며 기다린 세월이 이처럼 길어질 줄은 전연 생각지도 못했습니다. 부모 자식 간에 생이별로 살아온 세월이 너무 한스러워 가슴에 맺힌 피멍이 풀리지 않고 있습니다. 무슨 이유로 무엇 때문에 돌아오지 못하고 계시는지요.

　아버지가 안 계신 우리 집은 하루아침에 폭삭 망했습니다. 집이 대들보가 무너졌으니 그 집이 온전하겠습니까. 아버지께서 애써 쌓아온 탄탄한 살림살이가 얼마 가지 않아 거덜났습니다. 가까운 친척 아저씨가 대구에서 아버지를 본 사람이 있다고 어머니를 꼬드겨 문전옥답을 급매물로 헐값에 팔아 전국을 다니며 탕진하였습니다. 이런 방식으로 야금야금 토지를 팔아 몇 차례 서울, 부산 등지를 다니며 아버지를 찾아보았지만 언제나 허탕이었습니다. 어머니께서 친척 아저씨에게 속았다는 사실을 나중에 알아차리고 한없이 후회하셨습니다. 그 당시 어머니 입장에서는 논밭 몇 마지기가 없어지더라도 아버지만 찾을 수 있다면 모든 것이 해결된다고 생각하셨을 겁니다. 어린 자식들은 아무것도 모르고 어머니 혼자 결정하셨으니 감언이설로 어머니를 속인 친척 아저씨가 몹시 원망스럽습니다.

  그렇게 아버지는 돌아오시지도 않고, 찾지도 못하고 몇 년의 세월이 흘렀습니다. 가정에 충실했던 아버지께서 이토록 박절하게 연락을 끊고 감감무소식으로 지내실 분이 아닌데 아무래도 어디서 운명하시지 않았을까, 의심이 들기 시작했습니다. 혹시나 해서 여러 명의 시체가 묻혔다는 어느 산골짜기에 아버지 시신이라도 찾아보겠다고 종조부와 어머니가 함께 나섰습니다. 시신을 수습할 삼베를 싸 들고 찾아간 그곳에서도 아버지 흔적은 찾을 수 없었습니다. 하도 답답해서 무속인을 찾아가 아버지의 생사와 언제쯤 귀가하실는지 알고 싶다고 하였더니 살아 계시다며 다가오는 가을쯤에는 무슨 소식이 있을 거라고 하였습니다. 반가운 마음에 잔뜩 기대하고 아침에 까치 소리만 들려도 오늘은 무슨 소식이 있으려나 날마다 애타게 기다렸습니다. 그해 가을이 다 가도록 종무소식(終無消息)이니 무속인의 예언도 엉터리였습니다.

아버지에 대한 모든 기억은 열세 살에 멈추어 버렸습니다. 그 이후는 아버지에 대한 그리움을 안고 편모슬하에서 질곡의 세월을 살아온 기억뿐입니다. 졸지에 고만고만한 어린 네 남매의 뒷바라지는 어머니 혼자 떠안게 되었으니 그 고생이 오죽했겠습니까? 어머니께서는 훗날 아버지를 기다리는 마음보다 네 남매를 어떻게 키워낼까 더 걱정하셨다고 합니다.

아버지에 대한 그리움은 속으로 감추시고 오직 자식만을 위해 희생하신 어머니의 한 많은 생애를 아버지께서는 알아주셔야 합니다. 다른 세상에서 두 분이 다시 만나면 미안하다는 말씀 한마디라도 해 주세요. 아버지는 우리 집안에서 유일한 공직자로 글씨도 잘 쓰시고 동네 사람들로부터 똑똑하다는 찬사를 들으며 면사무소 총무 일을 보고 계셨습니다. 전쟁만 터지지 않았으면 남부럽지 않게 잘 살았을 텐데 아버지의 실종으로 우리 가정은 완전히 몰락하였습니다.

어머니와 함께 고생하며 살아온 슬픈 사연은 이 편지에 다 적을 수 없습니다. 끼니를 이을 식량을 구하지 못해 배고픈 설움을 많이도 겪었습니다. 중고등학교 30리 길 왕복 통학을 하면서 신발 살 돈이 없어 결석을 자주 하였고, 어머니 심부름으로 동네 잘사는 집에 돈을 꾸러 다니는 일이 정말 싫었습니다. 식사 시간에 친척 집에 갔다가 먹고 있던 밥그릇을 치워버리는 수모도 당했습니다. 밥알이 보이지 않는 멀건 갱죽(羹粥)으로 끼니를 때우니 허기진 배 속에서 꼬르륵 소리가 났습니다. 그래도 자식들을 굶기지 않으려고 뙤약볕 아래서 조밭 김매기를 하시던 어머니의 가련한 모습이 기억 속에서 지워지지 않습니다. 아버지 한 사람의 부재가 온 식구를 이토록 가난에 찌들게 하였으니 한 가정에서 아버지의 위치가 얼마나 위대하고 절실한 존재임을 뼈저리게 깨달았습니다.

아버지 자식 네 남매는 모진 가난을 이겨내며 자수성가(自手成家)하여 지금은 모두 손자 손녀를 둔 할아버지 할머니가 되었습니다. 맏이 형님은 고향 땅에서 민선 군수를 지냈으며 저도 공직과 통신회사에 재직하다가 퇴직하였습니다. 형님은 평생 고향을 떠나지 않고 선산을 지키고 있으며, 저와 두 동생은 서울에서 살고 있습니다. 아버지가 특별히 예뻐하시던 세 살짜리 막내딸도 어느덧 고희를 훌쩍 넘긴 할머니가 되어버렸으니 무심한 세월은 빠르기도 하지요. 일 년에 한 번씩 '우리가족친목회'란 이름으로 60명이나 되는 대가족이 한데 모여 가족 간의 정을 더욱더 두텁게 나누는 행사를 정기적으로 이어오고 있습니다. 모두 아버지를 뿌리로 열매를 맺은 친 혈족으로 증손자는 여러 명이고 고손자도 있습니다.

끝으로 가슴 아픈 심정을 억누르고 어머니 소식을 알려드립니다. 어머니께서는 결국 이승에서 아버지를 다시 만나지 못하고

10년 전 향년 97세로 별세하셨습니다. 30대 중반에 과부가 되어 가난과 싸우며 자식을 위해 희생하신 열녀이십니다. 고향 선산에 아버지와 함께 쌍분으로 나란히 모셨습니다. 아버지는 지금도 생사를 확실히 알지 못하지만 자연 연령으로 봐서 100세를 훨씬 넘기셨으니 작고하신 걸로 추정하고 가묘를 만들었습니다. 자식된 도리로 두 분의 영혼이나마 다시 만나 영면할 수 있는 자리를 마련하여 드리고 싶어서입니다. 제사는 어머니 기일에 함께 모십니다. 이제 두 분은 이 세상에 안 계십니다. 기다리고 기다리던 아버지의 귀가를 이제는 포기하렵니다. 아버지 어머니, 저승에서나마 못다 한 정을 마음껏 나누시고, 이승에 사는 사랑하는 가족들이 행복하게 살아갈 수 있도록 바른길로 인도하여 주시기를 소원합니다.

　그리운 아버지 한없이 보고 싶습니다. 마음껏 불러보고 싶었던 아버지란 호칭을 저는 강산이 일곱 번이나 변하도록 불러보지 못했습니다. 이렇게 사무친 그리움을 안고 아버지에게 편지를 써본들 어디에 계신지 주소를 알 수 없으니 부칠 수도 없네요. 이미 어머니를 만나 눈물로 얼룩진 사연들을 들으셨는지 모르겠으나 주소 없는 편지를 쓰는 이 자식도 가슴이 에입니다. 평생 처음이고 마지막으로 쓰는 이 편지를 아버지가 직접 받으실 수 없으니 제가 보관하고 있다가 언제고 아버지 어머니 곁으로 찾아가는 날 그때 이 편지를 읽어 드리겠습니다. 다시 뵈올 때까지 편히 쉬옵소서.

멱살잡이

아무리 잊고 싶어도 잊히지 않는 일이 있다. 문득문득 그때 일이 떠올라 가슴이 아리다. 오랜 직장생활을 하면서 그토록 수모를 당한 일이 없었으니 쉽게 잊힐 리야 있겠는가. 너무나 부끄럽고 창피해서 혼자 가슴속에 묻어두고 누구에게도 발설하지 않았던 사건이다. 남에게 은혜를 입은 일은 세월이 흐르면 잊히기도 하겠지만, 억울하게 당한 모멸감은 평생 마음속에 응어리로 남아 쉽게 풀리지 않으니 어찌하면 좋을까. 상대를 찾아가 한풀이를 하고 싶어도 그럴 수도 없는 처지이니 스스로 앙심의 굴레를 벗어버리고 싶은 심정에서 이렇게 글로나마 털어놓는다. 그리하면 조금은 마음이 편안해질 것 같아서다.

30여 년 전 KT 본사 부장 시절에 겪었던 일이다. 1982년 전화업무가 정부조직에서 공기업체로 넘어가면서 느닷없이 주관부처인 체신부의 감독을 받게 되고 철밥통이라 불리는 공무원 신분도 20년 만에 떨어져 나갔다. 이 과정에서 꼴사나운 일이 수도 없이 벌어졌다. 주무부처의 지나친 감독권 행사는 때로는 합법적으로 때로는 비공식적으로 시시콜콜 간섭한다. 얼마 전까지만 해도 같은 공무원 신분으로 허물없이 지내던 사이가 갑자기 신분이 바뀌니 체신부에 남은 공무원들이 안면을 몰수하고 위세를 부리기 시작했다. 나이도 계급도 아래인 말단 직원이 KT 부장급 간부를 반말로 오라 가라 한다. 그것도 수시로 자료 제출을 요구하면서 괴롭힌다. 제출 자료 작성이 쉽지 않아 조금 늦기만 하면 전화 독촉이 빗발치다가 급기야 욕설까지 한다.

바로 S주사(主事)다. 감독관청 공무원 신분을 과시하며 오만하기가 그지없다. KT 사내에서는 이미 독종으로 알려진 기피인물이다. 피차 공적인 일로 부딪히는 일인데 욕설까지 하다니 도저히 참을 수가 없었다. 위층에 있는 그의 상사인 L과장 방으로 헐레벌떡 뛰어가 그간에 당한 모욕을 숨 가쁘게 내뱉고 들고 있던 서류를 S주사에게 던졌다. 그 순간 L과장이 다짜고짜 나의 멱살을 꽉 잡고 밀치는 바람에 사무실 바닥에 나뒹굴어졌다. 세종로 12층 사무실에서 공직자끼리 멱살을 잡고 싸웠다는 소문이 삽시간에 사내에 퍼져 나갔다. 세상에 이런 수모를 당하다니 억울하고 분한 마음을 어디에다 하소연한단 말인가. 여러 직원에게 떠밀려 문밖으로 나오면서 복수할 방법을 생각했다. 그날 퇴근 후 L과장과 사내 휴게실에서 조용히 만나 사과하지 않으면 폭행으로 고소하겠다고 했다. 그는 아무 말 없이 일어나 가버렸다.

마음대로 해보라는 오만한 태도에 분이 풀리지 않았다.

 나는 L과장을 잘 안다. 처음 발령받은 전화국에서 말단 5급 서기로 같이 근무를 하기도 했지만, 그는 명문대를 나온 엘리트로 승승장구하여 감독관청의 높은 지위에까지 올랐다. 그의 입장에서 생각해 보았다. 과거 아무리 교분이 있었던 사이라도 갑의 지위에서 을의 지위에 있는 나를 만만하게 보는 눈치가 뻔하다. 고소도 하지 못할 것이라 넘겨짚고 사과도 하지 않는 태도가 그렇지 않은가. 사실 고소는 그가 생각한 대로 큰 파문을 가져오리라 예측되어 쉽게 결단을 내릴 수가 없었다. 고소로 확대되면 일시적인 감정 풀이는 될지언정 장차 나에게 미칠 신분상 피해는 물론 몸담고 있는 조직에 미칠 영향도 고려하지 않을 수 없어 결국 포기하고 말았다. 그에게 멱살잡이를 당한 모욕을 언제든 갚아 주리라 마음먹고 직장생활을 하는 동안 별러 왔지만 퇴직할 때까지 갑과 을의 위치가 바뀌지 않아 앙갚음을 할 수 있는 기회가 오지 않았다.

 오히려 그는 사과는커녕 나의 승진길을 막았다. 장관 표창이 있어야 승진길이 열리는데 두 번이나 올린 장관 표창을 탈락시켰다. KT에서는 우수 직원으로 표창상신을 했는데, 주무 심사관의 권한을 공정하게 행사하지 않고, 자기에게 대들었다고 사감(私感)으로 나의 앞길을 막으니 그에 대한 분노가 가슴에 돌덩이를 쌓았다. 본부장님께 사실대로 호소했더니 본인도 감독관청에 많이 시달렸지만, 을의 설움을 참고 지낸다고 하셨다. 체면 때문에 차마 본인이 할 수 없는 행동을 이 부장이 대신 총대를 메고 한풀이를 해 주었으니 표창문제는 L과장을 직접 만나 매듭지어 주겠다고 했다. 이 바람에 또래보다 3년 늦게 장관 표창을 받아 겨우 국장으로 승진할 수 있었다. 순간을 참지 못하고 울컥하는 성질을 부리다 결국 인사상의 불이익을 크게 당하고 말았다. 퇴직 후 한 번도 L과장을 만나지 못했다. 만나기만 하면 그때는 왜 멱살을 잡았고, 또 표창은 왜 퇴짜를 놓아 승진길을 막았느냐고 항의하고 싶었지만, 그도 이미 망구(望九)의 나이를 지나 병고에 시달린다는 소문이 들리니 이제 와서 따져본들 부질없는 객소리가 허공으로 날아갈 뿐이다.

세상살이는 돌고 돈다. 오 년의 세월이 흐른 뒤, S주사를 KT 조직에서 다시 만났다. K전화국장으로 재임 시 관내 하급 전화국에 근무하는 S주사의 보고를 받는 자리다. 참으로 묘한 인연이다. 한때 갑의 위치에서 욕지거리하고 L과장에게 멱살을 잡히게 한 장본인이 아닌가. 수년의 세월이 흘러 이제는 갑과 을이 뒤바뀐 입장에서 S주사에게 그때 받은 수모를 되돌려 줄 좋은 기회를 맞았다. 내가 어떻게 나올지 무슨 말을 할지 안절부절못하면서 그는 고개를 들지 못한다. 과거의 못된 행적이 업보로 느껴졌으리라. 막상 만나고 보니 보복의 감정보다는 측은한 생각이 들었다. 어쩌다 여기까지 흘러왔을까. 사무관 승진이 어려우니 실리를 좇아 KT로 넘어오면서 과거 괴롭힌 KT 사원들을 만나기가 두려워 많은 고민도 했으리라. L과장에 대한 보복은 하지 못했어도 S주사에 대한 앙심은 어느 정도 누그러졌다.

L과장, S주사 두 사람이 나에게 입힌 상처는 아직도 완전히 아물지는 않았다. 이 세상을 떠나기 전에 세 사람이 다시 만나 소주잔을 기울이며 마지막 화해의 자리를 갖고 싶다. '맞은 놈은 펴고 자고 때린 놈은 오그리고 잔다.'고 했다.

"L과장, 당신도 저물어 가는 인생길에 해원(解寃) 하는 마음으로 나에게 사과 한마디쯤은 남겨야 하지 않겠소. 사람이 한세상 살면서 남에게 원한을 사면 그 업보가 후대에도 미친다는 사실을 상기하기 바라오."

나 자신을 되돌아본다. 나는 과연 사회생활을 하는 동안에 수많은 사람과 인간관계를 맺으며 남에게 못 할 짓을 한 일이 없는지, 뼈아픈 소리를 함부로 내뱉지는 않았는지 곰곰이 생각해 본다. 설령 그런 일이 있었다 해도 이제는 엎질러진 물이 아닌가.

4

마음의 둥지

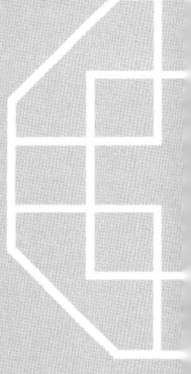

마음의 둥지

　지금도 전화기만 보면 옛날 생각이 떠오른다. 20대 초반에 서울 와서 첫 직장으로 발령받은 곳이 전화국이었고, 30여 년을 이 직업에 종사하다가 마지막 퇴직한 곳도 전화국이다. 반평생을 전화와 씨름하며 살아왔다. 광화문, 수원, 대구, 여수, 고양, 의정부, 북부천, 부천 등 여러 군데 전화국을 옮겨 다녔다. 가장 오래 재직한 곳은 광화문전화국과 맞은편 KT 본사이다.
　10여 년 넘는 세월을 서울의 중심거리인 세종로에서 보냈다. 지금은 헐리고 없지만, 당시 광화문전화국은 세종로에서 돋보이는 현대식 건물로 3층 서무과에서 내려다보면 맞은편 KT 본사 건물 자리에 국제전신전화국(KIT)이 있었고 지금 정부종합청사 자리에는 서울전신전화건설국 넓은 마당이 보였다. 마당 한편에는 콘크리트 전주가 수북이 쌓여 있었다. 1960년대 세종로 거리 모습이다.

나의 젊은 시절은 KT 전화 역사와 함께했다. KT 조직이 정부기관 - 공기업 - 통신회사로 바뀌면서 전화 이용 방법이 비약적으로 발전하였다. 유선전화로만 소통하던 독점시대에서 지금은 이동통신 경쟁 시대로 통신 강국이 되었으니 KT에 몸담았던 사람으로서 흐뭇한 마음 그지없다.

전화기 모형을 보면 전화 역사를 알 수 있다. 유성기 손잡이처럼 돌리는 자석식 전화기와 수화기만 들면 교환원이 응답하는 공전식 전화기, 0부터 9까지 짜르륵 짜르륵 소리를 내면서 다이얼 판을 돌리는 자동전화기는 모두 박물관에 진열되었으리라. 지금은 버튼을 누르는 집 전화기와 함께 홈 화면에 손가락으로 번호를 가볍게 터치하는 스마트폰이 대세다. 곧 음성인식 전화기도 시판된다고 하니 미래의 전화기는 또 어떤 모형으로 바뀔지 상상이 되지 않는다.

우리나라 120여 년간의 전화 역사는 1876년 A. G. BELL이 처음 전화를 발명한 이후 20년이 지난 1896년에 덕수궁에서 고종이 처음 자석식 전화를 사용하였다고 한다. 1902년 서울 - 인천 간에 전화가 개통되고 사흘 뒤에 고종이 인천 감옥으로 전화를 걸어 사형집행이 임박한 백범 김구를 살려냈다는 일화가 전해진다. 인류가 발명한 문명의 이기 중에 전화를 빼놓을 수 있겠는가. 얼마나 필요하고 편리한 일상생활의 필수품인가는 전화 없는 세상을 한번 상상해보면 짐작이 가리라. 세상만사가 불통이 되면 그 답답하고 불편한 노릇을 어찌 감당하겠는가.

지금 한국은 통신 선진국으로 유선전화 가입자 천만 명, 이동통신 가입자 육천만 명을 넘어 전체 인구보다 많다. 모두 통신 역군들이 땀 흘려 이룩한 성과다.

야심 찬 통신사업 5개년 계획으로 광역화사업이 추진되면서 면 단위 통화권이 시도단위 통화권으로 크게 넓혀졌다. 1987년 농어촌 지역의 수동식 전화가 완전히 자동화되면서 어느 지역에서나 교환원을 거치지 않고 원하는 상대방과 직접 통화할 수 있는 전국 자동화 시대가 열렸다. 이 시절에 경험한 에피소드는 부지기수다. 연로한 이용자는 숫자 다이얼 돌리기가 서투르다 보니 수동식 전화를 그대로 쓰게 해달라고 떼를 쓰는 사례도 있었다. 수화기만 들고 "전봇대 뒤 두붓집"이라고 말만 하면 교환원이 알아서 척척 연결해 주었으니 얼마나 편하고 정겨운 통화방식인가. 웃음이 터지는 해프닝이다.

1960, 70년대 전화는 부의 상징이고, 재산목록 1호였다. 전화국의 전화추첨은 빅 이벤트였다. 선거유세장처럼 모인 청약자들 앞에서 경찰관 입회하에 추첨자는 눈을 가리고 번호가 적힌 은행알로 제비를 뽑아 당첨자를 결정했다. 1970년 9월 1일 이후부터는 자유매매가 가능한 백색전화 승낙제도를 폐지하고, 매매가 불가한 순위별 청색전화 제도를 시행하면서 백색전화 몸값은 급등했다. 최고가가 270만 원을 호가했는데 당시 승용차 1대 값과 맞먹었다고 한다. 백색, 청색전화 명칭은 전화기 색상이 아니고, 새 제도 시행일을 기준으로 이전 전화 가입원부는 흰색, 신규원

부는 파란색으로 분류한 데서 비롯되었다. 그 당시 전화가입권에는 프리미엄이 붙었고 전화청약 브로커인 전화상이 번창했다. 1970년대 서울에만 600여 곳이 있었다고 한다. 전화상들은 전화청약권을 매점매석해서 적체를 부채질하고 전화 매매 값을 상승시키는 부작용을 불렀다. 전화를 둘러싼 부정과 청약경쟁은 정부로서도 골칫거리였다. 전화가 워낙 부족하다 보니 전화를 빌려주고 돈을 받는 임대사업도 성행했다. 또 주택담보금융처럼 전화를 담보로 잡고 비싼 이자를 받으면서 이자가 하루만 늦어도 전화가입권을 탈취해가는 불법 사금융도 활개를 쳤다. 전화 값이 내려가고 적체가 해소된 것은 전자교환기가 도입된 1980년대 초였다. 1984년 서울 전화는 200만 대를 돌파했고 가정 보급률도 72%로 올라섰다고 한다.

 1960, 70년대에는 미국, 서독, 스웨덴 등에서 도입한 외국 기종 교환기로 우선 자동전화보급지역을 넓혀 나갔다. 나의 머릿속에 아직도 생생한 EMD, DDD, ISD 등 통신용어 약자들을 수없이 기안하고 보고하고 토론하면서 전화발전 과정을 소상히 지켜보았다. 국내 장거리자동전화(DDD)가 1971년에 서울 - 부산 간에 개통되고 연이어 국제자동전화(ISD)도 개통되면서 더 이상 교환원을 거치지 않고 직접 다이얼링 할 수 있었는데, 당시로써는 놀라운 발전이었다. 우리와 친숙했던 전화교환원 직업이 사라진 것이다. 국제자동전화 개통기념 행사로 몇 가구 되지 않는 서해의 어느 작은 섬에서 미국 거주 아들과 직접 통화하는 장면을

KBS와 함께 촬영했던 기억이 아련히 떠오른다. 1991년 한·소 정상 간 제주 회담 당시 고르바초프는 제주와 모스크바 간 자동전화 연결에 놀랐다고 한다.

폭발하는 전화 수요를 해결하기 위하여 1985년부터 최첨단 국산 자동 전자교환기(TDX)가 세계에서 열 번째로 대량 보급되면서 전화 갈증이 완전 해소되고 1가구 1전화 시대가 열렸다. 현재 당일, 신청 당일 개통이 가능한 집 전화는 기본통신 자리를 지키고 있지만 주도권 경쟁에서 이동통신에 밀리고 있다.

전주를 세우고 통신선로를 깔고 집 안방까지 전화선을 연결해야 하는 유선전화 역할은 이제 선 없이도 통화가 가능한 이동통신 기능이 대신하고 있다. 통신서비스는 수요에 맞춘 기술혁신만이 통신 시장의 파고를 넘을 수 있으므로 세계 유력 통신사들이 눈을 부릅뜨고 경쟁하고 있다. 본격적인 이동통신전화기가 보급되기 전 1982년에 시판된 무선호출기 일명 '삐삐전화'가 열풍을 일으켜 부부간에 서로의 위치를 수시로 확인하는 해프닝이 벌어지기도 했다.

1992년 본사에서 공중전화 관리업무를 맡고 도로변에 설치할 산뜻한 부스제작과 MS카드식공중전화기 확대 공급에 골몰하였던 기억이 새롭다. 부스는 더 멋지게 디자인하여 바꾸고 자회사와 함께 마그네틱카드 판매 영업활동에 심혈을 기울였다. 카드공중전화기는 1986년 서울아시안게임 때부터 설치되어 현재까지 사용하고 있는 모델로 전화카드 시대의 막을 연 우리나라 최초의 카드사용 공중전화기다. 마그네틱카드는 2천 원권, 3천 원권, 5천 원권, 만 원권으로 구분되어 국제통화도 가능하고 고객이 원하는 디자인으로 주문을 받아 제작판매 하였다. 주로 국가 주요 행사, 기업체 홍보용, 개인 명함, 신랑신부 이름이 새겨진 결혼식 답례용으로 애용되기도 하였다. 미려한 디자인으로 출시된 최초의 카드만을 전문으로 수집하는 수집가도 생겨났다.

1995년부터는 주화/카드 겸용전화기가 각종 신용카드와 함께 사용되고 있으며 외국어 언어선택도 가능하다. 이처럼 여러 가지 개선 노력에도 불구하고 스마트폰 열풍에 밀려 공중전화 이용도는 갈수록 줄어들고 있다. 계속 도로변 애물단지로 방치할 것이 아니라 이미 설치된 공중전화부스에다 시대 흐름에 맞는 시민 편의시설을 추가 설치하여 같이 운영하면 이용 빈도가 더 높아지리라.

바야흐로 스마트폰 만능시대에 살고 있다. 스마트폰의 다양하고 편리한 기능에 수많은 이용자가 정신 줄을 놓고 빠져들고 있다. 손안의 작은 전화기로 웬만한 볼일은 모두 해결할 수 있으니 자신의 분신처럼 늘 끼고 다닌다. 재직시절에는 인터넷과 스마트폰이 상용화되지 않았다. 기본통신 수요인 전화 갈증이 극심했던 그 시기와 지금의 눈부신 정보통신 시대를 비교하면 격세지감에 놀라지 않을 수 없다.

그러나 현재 우리가 누리고 있는 만족한 통신서비스도 지난 수십 년간 통신 인프라 구축에 열정을 쏟은 선배 통신 주역들의 공적임을 간과해서는 아니 될 것이다. 그 토양 위에 통신 선진국의 꽃을 피운 것이다.

KT 시절은 내 인생의 전성기를 보낸 소중한 시간이었다. KT는 나에게 새로운 희망을 갖게 하였으며, 행복감을 안겨준 삶의 터전이었다. 어머니의 품속처럼 포근하고 매력이 넘치는 직장이었다. KT와 인연을 맺고 열심히 일했던 즐겁고 보람찬 기억들이 머릿속을 맴돈다. 이미 떠난 지 20여 년 세월이 흘렀지만, 그때 그 시절 추억은 영원히 잊을 수 없는 마음의 둥지로 남아 있다.

통금 시대

　야간 통행금지는 해방 후 미군정시기에 시작되어 1982년까지 37년간 지속되었다. 밤 12시에 사이렌 소리가 울리면 호각소리와 함께 시커먼 방망이를 옆구리에 찬 방범대원들의 구두 발자국 소리가 요란하게 들렸다. 하루 24시간 중 자정부터 4시간은 고스란히 일상생활 속에서 지워져 버린 셈이다. 그때 그 시절을 살았던 사람들 중에는 통금에 얽힌 에피소드가 한두 가지씩은 기억 속에 남아 있으리라. 나의 인생살이 절반도 통금시대에 살아왔으니 어찌 기막힌 사연이 없겠는가.
　서울 체신청에 재직할 당시 야간근무를 마치고 동료들과 맥줏집에 들렀다. 어느 정도 주기가 오르면 꼭 2차를 가자고 선동하는 주당(酒黨)이 있다. 그날도 분위기에 휩쓸려 '방석집'이란 곳을 갔다. 방석을 깔고 앉아 술상에 젓가락 장단을 두드리며 「목포의 눈물」을 부르는 곳이다. 접대 아가씨까지 옆에 앉으니 주당들 기분은 최고조에 이르고 급기야 12시를 넘기고 말았다. 술값과 아가씨 팁까지 예상보다 많은 금액이 청구되자 옥신각신 시비가 벌어졌고, 그만 고성이 밖에까지 들리는 바람에 순찰을 하던 경찰관 두 명이 들이닥쳤다. 갑자기 싸늘해진 분위기 속에 경찰은 통금시간을 넘겨 영업을 했다는 이유로 여주인도 같이 파출소로 연행하겠다고 으름장을 놓는다.

바로 그때 경찰관 중 한 명의 얼굴이 낯설지 않아 자세히 보니 고등학교 일 년 선배가 아닌가. 신입생 신고시킨다며 후배 구타가 다반사(茶飯事)로 벌어지던 시절에 기율(紀律) 완장을 찬 그에게 뺨을 맞은 일이 있다. 서로 얼굴을 확인하고 "어" 하며 탄성을 내질렀다. 졸업 후 15년이 넘도록 한 번도 만나지 못했다가 야릇한 장소에서 극적으로 만났지만 참으로 민망하고 난감한 자리가 되고 말았다.

그 선배는 나에게 눈인사만 하고 아무 말 없이 가버렸다. 후배 체면을 봐주는 건지 뺨 때린 보상인지 엄격한 공무집행을 유보하는 눈치였다. 방석집 주인이 이외의 상황에 놀라 나를 검사로 착각하고 술값을 깎아 주겠단다. "아저씨 검사세요?" 하며 물어보던 표정이 지금도 생생하게 기억된다. 말단 공무원이 졸지에 검사 신분이 되었다. 그 선배가 그지없이 고마웠으나 그 후 다시 만나지 못하고 지내다가 작년에 소천(召天)했다는 소식을 들었다. 당시의 고마움을 제대로 전하지도 못했는데 먼저 가버렸구나.

또 한 번은 '닭장차'를 타게 된 부끄러운 경험이 뇌리에 남아 있다. 닭장차란 닭을 싣고 다니는 화물차를 말하지만, 범법자를 수송하는 경찰 차량을 박스형 철장까지 모양이 비슷해서 속칭(俗稱) 닭장차라고 불렀다. 데모가 만연하던 시절에 데모 주동자를 강제로 닭장차에 태우는 볼썽사나운 장면이나 훗날 대통령이 된 어느 민주인사도 닭장차에 떠밀어 넣는 장면을 TV 뉴스에서 자주 봐왔다.

정치인이 닭장차를 타면 투쟁경력이 쌓인다지만 나 같은 공무원이 닭장차를 타면 망신만 당하고 상사로부터 근신경고를 받아야 한다. 주색잡기를 멀리하라 했는데 잘 지켜지지 않고 결국 술이 망신살을 불러왔다. 그날도 늦은 야근에 동료들과 중국집에서 배갈을 한 병 비우고 2차로 맥줏집에 들렀다가 그만 과음하는 바람에 통금시간을 넘겨 북창동파출소로 연행되었다.

야간 파출소 풍경은 그야말로 가관이었다. 먼저 연행된 통금위반자가 만취된 상태로 담당 경찰관에게 추태를 부리고 있었다. "내가 누군 줄 아느냐? 너 같은 경찰 졸병은 이 자리에서 전화 한 통으로 옷을 벗길 수 있어!" 하면서 심문조서를 쓰고 있는 경찰관 책상을 주먹으로 꽝 내리쳤다. 그 바람에 잉크스탠드의 파란색 빨간색 잉크물이 그만 경찰관 이마에 태극기를 그리고 말았다. 정말 어이없는 일이 순식간에 벌어졌다. 그 당시는 컴퓨터가 없으니 철필로 잉크를 찍어 글씨를 쓰던 시절이었다. "그래 내일 옷을 벗더라도 너 같은 놈은 그냥 둘 수 없다" 하면서 수갑을 채워 의자에 묶어버렸다.

밤 한 시쯤 여러 파출소에 연행된 통금 위반자들은 모두 닭장차에 태워져 종로경찰서 유치장에 갇혔다. 그때 종로경찰서는 왜정 때 지은 작은 이층 건물로 수많은 독립투사를 감금하고 고문한 악명 높은 경찰서이다. 도산 안창호 선생께서도 내가 갇힌 이 유치장에 구속되어 계셨다니 똑같은 구속인데 그 이유는 비교하기가 부끄러울 만큼 천지 차이가 아닌가. 도산 선생께서는 이 방에 계시면서 오로지 나라의 독립만을 생각하셨을 것이다.

경찰서 유치장은 더 가관이었다. 좁은 방에 남녀 구분 없이 가득 밀어 넣는 바람에 만원 버스처럼 빼곡히 앉았다. 구석에 있는 좌변식 변기에서는 악취가 코를 찔렀다. 죄지은 결과가 이렇구나! 후회하며 어서 여기를 빠져나가고 싶은 생각뿐이었다. 그 상황에서도 술이 덜 깨서 계속 주정을 부리는 사람, 젊은 여성에게 슬금슬금 다가가는 녀석, 경찰관을 큰소리로 불러대는 사람으로 시끄러운 시장바닥 같았다. 각양각색 인간 군상들의 적나라한 모습을 그대로 보여주는 유치장 밤풍경이다. 특이한 것은 가끔 경찰관에게 불려 나간 사람이 돌아오지 않는 것을 보면 여기서도 특혜를 받고 풀려났을 것으로 짐작된다.

다음 날 아침 다시 닭장차에 태워져 서대문에 있는 법원 즉결 재판소로 넘겨졌다. 평생 처음 판사 앞에서 판결을 받고 보니 두려움보다는 실소를 금할 수 없었다. 워낙 통금 위반자가 많다 보니 일 분에 한 명꼴로 아나운서 중계하듯 약식판결을 하는데, 나의 경우는 주소 이름을 말하고 '벌금 500원'으로 끝났다. 죄명은

'야간통행금지법' 위반이다. 하루 밤낮 사이에 파출소-경찰서-약식재판까지 두루 거치며 뼈저린 인생 공부를 하고 겨우 풀려났다. 오후에 출근했더니 직속 계장이 "이 주사는 출근 시간도 몰라?" 하며 버럭 소리를 지른다. 이 약식재판도 오랫동안 전과 기록으로 남아 있다가 어느 땐가 대통령 특별사면으로 전과 1범 기록이 소멸되었다.

통금 시절이 만들어 낸 재미있는 이야기도 있다. 장호원에서 술을 마시다가 12시를 넘긴 술꾼들이 다리 하나를 건너 통금이 없는 충북 음성지역으로 도망가면 경찰관이 잡을 수 없었다고 한다. 강화군 석모도에 놀러 갔던 연인 사이 남녀가 12시 전에 뱃길이 끊어지니 어쩔 수 없이 혼전합방(婚前合房)이 이루어지고, 가수 배호가 1971년에 발표한 「영시의 이별」은 통금시간에 다닐 수 없다는 이유로 발표하자마자 금지곡이 되었다고 한다. 짧은 하룻밤이지만 일 년에 세 번 크리스마스이브, 석가탄신일, 제야(除夜)의 날만은 통금해제로 모처럼 활기를 찾았고, 설레는 마음으로 이날을 기다리는 연인들도 많았으리라.

지금은 통금 위반 단속시대가 아니라서 시간에 쫓기지 않고 밤 문화를 마음껏 즐길 수 있지만, 그 시절에는 하루의 모든 생활 패턴이 밤 12시에 맞춰져 있었다. 그래도 통금 위반자는 매일같이 생겨나고 그 이유도 가지가지이며 심지어는 통금 위반을 역이용하는 데이트족도 생겨났다. 즉 마음에 드는 여자를 유혹하는 꼬임수로 어떻게 하든지 데이트 시간을 끌어 밤 12시를 넘기고 보는 것이다. 그러고는 짐짓 모르는 척하면서 능청을 떤다.

"어! 12시가 지나버렸네. 어쩌지? 밖에서 잘 수도 없고, 미스 김! 일단 여관으로 갑시다." 하자, "아이~ 창피해서 어떻게 여관에 가요?" 하면서 머뭇거린다. "여기 있으면 경찰관이 와서 붙들어가니 빨리 여관으로 피해야 돼요" 하고는 미스 김을 꽉 붙잡고 여관으로 들어갔다. 미스 김도 상황이 그러하니 그만 체념하고 못 이기는 척 따라 들어갔다. 밤 12시가 통금시간이란 걸 알고 있으면서도 은근히 남자의 유혹을 기다린 것은 아닌지 여자의 마음을 누가 알겠는가.

그날 밤 두 남녀의 인연은 어떻게 되었는지 그 뒷이야기는 들은 바가 없어 모르겠다. 이 핑크빛 실화를 동창회에서 재미있게 털어놨더니 바로 나의 체험담이 아니냐고 윽박지르며 덮어씌우려고 한다. 그들에게 상상의 나래를 마음껏 펼치도록 소이부답(笑而不答)으로 해명을 대신했다.

세상이 왜 이래

　나훈아가 부른 노래 한 곡이 삽시간에 전국을 들썩이게 만들었다. 그는 많은 사람들의 가슴에 맺힌 응어리를 이 노래 하나로 시원하게 풀어주었다. 오랜만에 눈과 귀가 호강하는 가을밤 향연이었다. 추석 특별기획으로 제작된 「대한민국 어게인」 TV 프로그램이다. 평소 그를 TV에서나마 만나보고 싶어 했던 수많은 시청자들에게 그는 예상하지 못한 멋진 쇼를 보여주고 홀연히 무대 뒤로 사라졌다. 그날 밤 그가 불렀던 여러 히트곡 중에서 압권은 직접 작사 작곡하여 신곡으로 발표한 「테스형」이다. 노랫말 한마디 한마디가 영혼의 목소리다.
　우선 노래 제목이 기발하다. 「테스형」이 무슨 뜻인가. 바로 소크라테스의 뒷글자에다 흔히 쓰는 형(兄) 자를 붙인 호칭으로 제목을 지었다. 정말 놀라운 상상이다. 그리스의 대철학자 소크라테스를 가까운 사이처럼 한국식 호칭으로 불러내어 자기가 풀지 못하는 인생살이 숙제를 모두 털어놓고 하소연한다. 왜 소크라테스를 불러냈을까. 전 인류가 존경하는 위대한 철학자이기에 그에게 물어보면 숙제의 정답을 알려줄 것이라는 기대를 가지고 과감한 상상력을 동원한 것으로 보인다. 이 가수의 높은 식견과 지성인다운 모습을 엿볼 수 있는 독창적인 착상이다.

노래 전반부에서 가장 가슴에 닿는 노랫말은 '세상이 왜 이래'다. 이 한마디 노랫말 속에 많은 뜻이 담겨 있다. 핵전쟁 공포, 첨예한 남북 상황, 희망이 가라앉는 국정운영, 좌경화 시국, 코로나 괴질의 장기화로 일상생활이 위축되고 있는 오늘의 답답한 현실을 짧은 노랫말 속에 모두 담았다. 정말 세상이 왜 이럴까. 하루도 마음 놓고 편하게 살 수 없는 세상이 되었으니 어디에다 이 시름을 털어놓는단 말인가. 첫 소절 노랫말이 가슴을 후려친다. 별의 별꼴을 다 보고 '한바탕 턱 빠지게 웃다'가도 아픈 마음을 '그 웃음 속에 묻는다.'고 하였다. 해학적인 노랫말로 우리 모두의 답답한 심정을 대신 풀어헤쳐 절규하듯 노래한다. 높은 시청률 덕분에 천만 명에 가까운 사람들이 「테스형」 노래를 듣고 마음의 위안을 받았으리라.

'사랑은 또 왜 이래'라는 노랫말에는 사랑이 뜻대로 되지 않거나 해피엔딩으로 끝나지 않는 안타까운 현실을 은근히 호소하고 있다. 여기에는 가수 자신의 사랑의 행로가 순탄치 않았음을 한탄하는 사연도 숨겨져 있지 않을까 연상된다. 이 문제를 테스형에게 털어놓으니 '너 자신을 알라'며 아리송한 대답을 하자, 내가 어찌 알겠느냐며 자신도 모른다고 실토한다. 이 세상 누군들 사랑 때문에 가슴앓이를 하지 않는 사람이 있겠는가. 아무리 위대한 철학자라도 사랑 문제만은 정답을 내놓기가 쉽지 않으리라. 악처와 동거한 테스형 자신은 사랑을 어떻게 설명할 것인가.

후반부 노랫말은 매우 감상적이다. 자연의 꽃들을 예찬하면서도 선친의 묘소를 자주 찾지 못하는 불효를 반성하고 있다. 세상이 아프다며 눈물 많은 자신이 살아온 시간들을 '세월은 또 왜 저래'라며 인생무상을 탄식한다. 더욱 경이로운 것은 느닷없이 사후세계를 테스형에게 물어보는 노랫말이다. '먼저 가본 저세상은 어떤가요. 가보니까 천국은 있던가요.'라고 돌발질문을 던진다. 아마도 고희를 넘긴 나이가 본인의 가야 할 세계가 가까워지고 있음을 예견하는 듯하다. 당연히 응답이 없을 줄 알면서도 이천여 년 전에 먼저 타계한 테스형에게 슬쩍 물어보는 의도가 처량하게 느껴진다.

「테스형」의 노래 핵심은 '세상은 왜 이래' '사랑은 또 왜 이래' '세월은 왜 또 저래' 이 세 마디 노랫말로 압축된다. 세 가지 모두 '왜'라는 말로 비정상적인 상태를 의심하고 원인을 알고 싶어 한다. 세상, 사랑, 세월이란 어휘에는 인생살이의 모든 문제가 함축되어 있다. 이 문제가 정상적으로 돌아가지 않고 자꾸만 헛돌고 있으니 많은 사람들이 '왜 이럴까' 의아해하면서 탄식과 울분을 토로한다. 이 노래를 부른 가수도 문제의 심각성을 인식하고 자신의 과거, 현재, 미래를 한꺼번에 노랫말에 쏟아부어 온몸으로 열창한다. 그 가운데 테스형을 17번이나 나무아미타불 불경 외듯 애타게 부른다. 위 세 가지 핵심문제가 테스형에게 반드시 전달되어 해결해 주기를 바라는 간절한 호소이리라. 성황당 신령님께 만사형통과 소원 성취를 기원하던 어머니 모습이 떠오른다.

이 가수는 한국 가요사에 큰 족적을 남겼다. 가황(歌皇)이라는 호칭이 무색하지 않을 만큼 많은 사람들이 그의 노래에 빠져들었다. 한국인의 정서에 잘 맞는 매혹적인 음색과 독특한 꺾기 발성법을 자유자재로 구사하면서 수많은 히트곡을 쏟아냈다. 한국인이라면 그의 노래를 몇 곡 정도는 쉽게 따라 부른다. 그는 방송에 자주 출연하지 않아 신비스러운 가수로 화제에 오르내렸으며 애인과 외국으로 잠적했다는 등 온갖 루머가 무성했다. 2008년에는 신체 훼손 낭설을 해명하는 기자회견을 한 바 있고, 이번 추석 기획방송 출연은 15년 만이란다. 한 푼의 출연료도 받지 않고 오직 코로나에 시달린 국민들을 위로하겠다는 마음 하나로 관중 없는 무대에서 두 시간 반 동안 최선을 다해 최고의 모습을 보여주었다.

그의 본명은 최홍기고 예명이 나훈아다. 부산 태생이며 억센 사투리로 의미심장한 어록을 공연 중에 많이 남겼다. 이번 추석 공연에서도 그가 발설한 대통령, 위정자란 말 때문에 정치권이 시끄러웠다. 제주 지사는 본인의 정치 인생 20년에 하지 못한 말을 한 예인(藝人)이 털어놓았다고 경탄했다. 부산의 어느 교수는 나훈아를 대통령 후보감이라고 치켜세웠다. 재벌 회장의 특별한 초청도 표를 사서 입장하라고 거부하였으며 국회의원 출마 제의도 거절했다. 소록도 위문공연도 깊은 인상을 남겼다. 북한 최고지도자의 초청에도 이래라저래라 간섭받는 것이 싫다고 가지 않았으며, 정부에서 주는 훈장도 단호히 받지 않겠다고 하였다. 세월의 무게에다 훈장의 무게를 더하면 자유로운 영혼으로 살기가 버겁다며 평생 한길로 달려온 가수 본업에 충실하겠다고 밝혔다. 이 직업도 은퇴할 시기와 장소를 생각하고 있다니 무정한 세월이 야속하기만 하다. 언젠가는 그의 은퇴 공연이 눈물로 막을 내릴 것 같다.

세상살이가 요즈음처럼 혼란스럽고 예측할 수 없는 시국에 가수 나훈아가 보여준 환상의 무대는 우리 모두의 마음속에 아름다운 기억으로 남아 있다. 그는 자기의 재능을 쏟아부어 우리 국민을 위로하고 나라를 걱정하는 마음을 행동으로 보여주었다. 코로나 사태가 하루속히 끝나고 수만 명이 입장한 드넓은 월드컵 경기장에서 다시 한번 화려한 공연이 펼쳐지는 감격적인 장면을 상상해 본다. 그때는 「테스형」보다 더 멋진 신곡 발표로 또 우리를 놀라게 하지 않겠는가. 아름다운 영혼의 소유자 훈아형, 당신이 있어 세상은 살맛 납니다.

3C 친구

오늘날 지구촌 사람들은 3C 시대에 살고 있다. 한국은 3C 문명의 선진국이다. 커피(Coffee)를 마시고 자동차(Car)를 타고 컴퓨터(Computer) 마우스를 잡는 일이 하루의 일상이다. 생명체가 아닌 이 세 친구를 어느 하루라도 만나지 않는 날이 없다. 불과 70여 년 전만 해도 이 세 친구는 우리들의 일상생활 주변에 가까이 있지 않았다. 커피도 마실 줄 몰랐고 자가용 승용차는 희망사항이었으며 컴퓨터는 아예 보급되지도 않았다. 그 시절과 비교하면 현재 우리가 누리고 있는 이 찬란한 물질문명은 가히 3C 혁명시대라 일컬을 만하지 않은가.

한국의 커피문화는 한국전쟁이 끝나고, 6, 70년대 다방 영업이 크게 번창하면서부터다. 다방에서 커피를 마시며 음악도 듣고, 연인과 데이트도 하고, 맞선도 보고, 문인들이 시낭송회도 열었다. 삶의 여유와 낭만이 흐르는 다목적 문화공간으로 애용되던 시절이다. DJ가 있는 음악다방은 젊은이들이 클래식과 팝송을 즐기는 장소였다. 그 시절 다방 풍속도는 지금의 셀프서비스로 운영되는 커피전문점처럼 삭막하지 않았다. 다방 마담이나 레지와 스스럼없이 걸쭉한 대화를 나누며 온갖 세상 이야기로 한바탕 입방아를 찧고 나면 어느새 커피잔 바닥이 보인다. 추가로 더 시켜야 레지가 일어서지 않는다.

어떤 손님은 레지 손을 잡고 은근슬쩍 수작을 걸어보지만 수많은 손님을 상대하면서 산전수전 다 겪은 레지는 '네 속이 빤히 보인다.'는 표정으로 그만 다른 손님 자리로 옮겨 앉는다. 때로는 그 다방 레지 모두가 몰려와서 매상고를 올리려고 비싼 쌍화차로 바가지를 씌우니 손님은 그냥 당할 수밖에 없다. 입담으로 손님을 즐겁게 해준 대가이다. 다방이 어떤 곳인지는 최백호의 「낭만에 대하여」 노래 가사처럼 '새빨간 립스틱에 나름대로 멋을 부린 마담'과 도라지 위스키를 마시는 장면을 연상하면 옛날식 다방풍경을 떠 올릴 수 있다. 흘러나오는 음악은 60년대 유행한 펄시스터즈의 「커피 한잔」이다.

요즈음 커피는 어느 때나 어디에서나 마셔댄다. 집에서, 직장에서, 식당에서, 길거리에서, 비행기에서도 마시고 싶은 대로 마신다. 커피전문점이 우후죽순처럼 생겨나고 커피 종류도 다양하며 커피마니아들이 큰 컵을 들고 거리를 활보한다. 나 자신도 어느덧 커피 맛에 길들여 식사 후 숭늉 대신 먼저 찾게 된다. 어느 전직 총리 부인이 국립현충원에 묻힌 부군의 묘소를 찾을 때마다 생전에 즐겨 찾던 커피 한 잔을 꼭꼭 묘비 앞에 놓는다는 신문기사를 읽은 적이 있다. 이제는 커피가 좌포우혜(左脯右醯) 조율이시(棗栗梨枾) 다음으로 제사상에 오를 날이 올지도 모르겠다. 조상이 즐기던 식품이니 탓해서 무엇하랴.

내가 자동차를 보고 부러워한 것은 유소년 시절에 우리 군(郡)에 하나밖에 없는 경찰서장 지프였다. 고향 마을에서 가장 높은 고구령 고개를 뽀얀 먼지를 날리며 빠르게 달리는 검은색 사각 자동차를 고개 넘어 사라질 때까지 바라보곤 했다. 나는 언제 저런 차를 타고 한번 으스대 볼까 소원했는데 지금은 그 지프보다 훨씬 더 좋은 차를 소유하고 전국을 누비며 다닌다. 벌써 30년 넘게 핸들을 잡고 전국 유명관광지를 찾아다녔고 대관령을 수십 번 넘나들면서 동해안 나들이를 즐겼다. 예쁜 낭자와 함께 개성과 금강산 드라이브 관광도 다녀왔다. 차보다 보행이 건강에 좋다고 권고하지만 이미 커피 맛에 중독된 것처럼 자동차 없이는 일상생활을 영위하기가 불편하고 가고 싶은 곳에 선뜻 나서기가 쉽지 않다.

지금은 자동차 홍수시대이다. 한국은 세계 7위 자동차 생산국이며 세계 6위 수출국으로 막대한 외화를 벌어들인다. 등록대수는 2,300만 대가 넘어 세계 15위이며 1가구 1차 소유로 이제는 사치품이 아니라 보통사람들이 갖는 생활필수품이 되었다. 이처럼 양적인 면에서는 생산, 수출, 보유 대수가 모두 선진국 수준이나 자동차문화는 아직 선진국과 비교할 수 없는 부끄러운 수준이다. 난폭운전, 음주운전, 신호위반, 끼어들기 등 교통 무질서 행위가 만연하다. 교통사고 사망률은 OECD 회원국 중 최상위를 벗어나지 못하고 있어 사회적 갈등과 경제적 손실이 이루 말할 수 없다. 환경문제, 주차문제, 교통체증 문제도 심각하다. 근원적인 대책으로 미래 자동차 산업을 선도하기 위한 전기자동차가 이미 보급되고 있고 수소자동차도 개발 중에 있어 획기적인 시장변화가 예상된다.

컴퓨터란 첨단기기를 처음 대한 것은 현직 간부로 있을 때다. 업무처리 때문에 필수적으로 익혀야 하고 승진에도 영향을 미치니 할 수 없이 늦은 나이에 배우기 시작했다. 컴맹 소리를 듣지 않으려고 컴퓨터 원리를 공부하고, 당시 시험적으로 운용하던 인터넷에 익숙하려고 컴퓨터학원에 다니며 연습을 했다.

지구 반대쪽 네티즌과 정보를 주고받으니 얼마나 신기하고 놀라운지 점점 인터넷 매력에 빠져들었고, 해외여행에서 만난 젊은 여성들과 수백 통의 메일을 주고받으며 키보드 속도를 조금씩 높여 나갔다. 세 사람의 여성들과 메일을 주고받다가 그중 한 중년 여성에게 프러포즈를 했으나 거절당했다. 몇 년의 세월이 흐른 뒤 나의 연서(戀書)에 가까운 메일을 모두 버리지 않고 갖고 있다며 허락의 뜻을 알려 왔으나 그때는 이미 재혼한 시기라 그녀와의 인연은 더 이상 이어질 수 없었다.

아침에 일어나면 습관적으로 컴퓨터 앞에 앉는다. 온갖 빠른 정보를 선택해서 볼 수 있고 TV 뉴스보다 더 디테일하다. 받은 메일을 열어보고 보내야 할 메일은 클릭한다. 한가한 시간이면 영상음악도 감상하고, 고스톱게임도 즐기고, 궁금한 사항은 주소창을 열어 무엇이든 찾아볼 수 있다. 온 세상 정보를 실시간으로 확인할 수 있으니 세상에 이처럼 편리한 장치가 어디에 있단 말인가. 도깨비방망이보다 훨씬 빠르고 편리한 문명의 이기가 바로 나의 책상 위에 놓여 있으니 이제는 컴퓨터가 아내 다음으로 자주 만나는 가장 가까운 친구가 되었다. 아내는 자기와 놀아주지 않고 컴퓨터에만 붙어 있다고 질시(嫉視)한다.

한국은 IT 강국답게 인터넷 속도와 보급률이 세계 1위다. 컴퓨터 보급률도 상위수준으로 국가기관 행정업무는 물론 교통, 의료, 금융, 시장거래 등 사회생활의 거의 모든 분야에서 컴퓨터가 인간의 지능을 대신하여 신속히 업무를 처리한다. 어느 사이 바둑대결에서 인공지능 '알파고'는 인간 이세돌을 이겨버렸으니 컴퓨터 혁명이 우리가 경험하지 못한 새로운 세상을 열어가고 있다.

이처럼 신기한 만능 컴퓨터도 악성 바이러스나 해킹 공격에는 기능이 마비되는 약점을 갖고 있다. 2011년 4월에 농협 전산망이 갑자기 먹통이 되어 서비스가 중단되는 사고도 있었고, 우리 집 컴퓨터도 바이러스 공격으로 책을 내려고 저장해둔 일부 원고가 지워져 버려 다시 쓰느라 진땀을 흘렸다. 컴퓨터 범죄가 끊이지 않고 뉴스에 오르내리니 자기 도끼에 발등 찍힌 꼴이다. 만약 어느 날 갑자기 전 세계 컴퓨터가 파괴된다면 세상은 암흑천지가 되고 19세기 산업사회로 되돌아가는 급변사태를 맞게 될 것 아닌가. 생각만 해도 끔찍하다.

  3C 시대를 살아가는 현대인은 점점 물질문명에 도취되어 가고 있다. 한국은 커피 수입국 상위국이며 대량 소비국이다. 어느 종류의 커피를 어떻게 마셔야 제맛을 알 수 있다며 전문가 수준이 되어 맛 따라 커피전문점을 찾아다닌다. 새로 출시한 차종에 마음을 빼앗겨 멀쩡한 차를 바꾸어 버리기도 하고 고급 승용차로 신분을 과시하려는 졸부도 있다. 비싼 외제차도 길거리에서 자주 눈에 뜨이는 것을 보면 자동차 선택이 실리보다 취미생활에 가까워지고 있다. 만사를 컴퓨터 기능에 의지하고 컴퓨터가 시키는 대로 따라 한다. 심지어 프로그램을 조작하여 진실을 가리고 허위정보를 전산망에 올려 여론을 오도하기도 한다.

  이처럼 3C의 빛과 그림자를 헤아리지 못하고 3C에 지배당하는 지금의 물질 만능 시대는 명암이 엇갈리는 혼돈사회다. 맹목적으로 추종하는 그릇된 유행을 바로 고쳐야 함에도 합리적이고 이성적인 판단을 내릴 겨를도 없이 정신 줄을 놓고 허둥대는 우리들의 부끄러운 자화상이다. 앞으로는 자전거의 두 바퀴가 굴러가듯 앞서가는 물질문명과 뒤따르는 정신문화가 함께 발전하는 3C 시대 세상이 열리기를 학수고대(鶴首苦待)해 본다. 그런 세상이 올 때까지 살아 있었으면 좋으련만 거울에 비친 얼굴에는 주름살만 가득하네.

원효로 추억

국립체신대학을 졸업한 지 60년의 세월이 흘렀다. 어느 사이 반세기를 훌쩍 넘겨 인생의 저녁노을을 바라보는 나이에 이르렀으니 어찌 지난날의 추억이 그리움으로 다가오지 않겠는가. 정들었던 캠퍼스와 절친했던 학우들의 이름을 떠올리며 원효로 대학 시절을 회상해 본다. 이 대학에 입학하면서 나의 인생길은 체신인으로 사회생활을 시작하는 계기가 되었고, 결국 이 분야에서 오랜 직장생활을 마감하였다. 다른 분야에는 조금도 기웃거리지 않고 오직 체신인으로 한평생을 살아왔다. 어디에서든 체신이란 어휘의 말만 들어도 귀가 쫑긋해지고 글자만 보아도 눈동자가 커진다.

당시 체신대학은 원효로 3가에 있었다. 가수 은방울의 대표곡 '마포종점' 인근이다. 효자동 출발점에서 마포종점까지 땡땡거리며 굴러가는 전차를 타고 남영동 굴다리를 지나 종점에 내리면 한강 건너 영등포가 보였다. 2년간의 캠퍼스 생활은 꿈의 나래를 펴는 행복한 시간으로 흘러갔다. 재학생 대부분이 가난한 시골 출신으로 국비와 취업이 보장된다는 특전에 끌려 입학한 영재들이다. 나 역시 가난한 집안 사정으로 대학진학을 포기하고 있다가 취업부터 해야겠다는 결심으로 선택한 학교이다. 체신대학은 나의 36년 직장생활의 산실이며 마음의 둥지다.

통신행정과 65명 동기생 중 절반 정도는 유관기관인 체신부와 KT에 재직했고 그 외 절반은 다른 정부기관이나 사회 여러 분야에서 크게 두각을 나타낸 인재가 많았다. 그중 반장 출신이며 수석 입학한 Y는 정부 고위직과 대학 총장을 거치며 전체 천여 명 졸업생 중 군계일학(群鷄一鶴)으로 이름이 널리 알려졌다. 그 친구와 나는 광화문전화국에 5급 을류 행정서기보로 첫 발령을 받았는데 지금의 9급직에 해당하는 최말단 직급이다. 맡겨진 임무는 공중전화 동전 수거 작업으로 땀 흘리는 중노동이었다. 도로변에 설치된 공중전화통에서 긁어모은 무거운 동전 꾸러미를 일일이 계산하여 전화국 수납창구에 인계하는 일이다. 당시 일반 가정집에는 전화가 거의 보급되지 않아 공중전화가 가장 많이 이용되는 대중 통신수단이므로 연인끼리 밀어 시간이 길어지면 동전 숫자도 같이 늘어나는 시대였다.

첫 직장에 크게 실망한 친구는 이를 악물고 행정고시에 도전하여 3수 만에 합격의 영광을 안았다. 20대에 행정사무관으로 서울시에 발령을 받아 갑자기 나보다 네 계급이나 앞서 달려가니 똑같이 출발한 인생길이지만 그를 따라잡을 수가 없었다. 훗날 도백, 한성판윤, 도승지 자리에까지 올랐고 판서자리와 일인지하(一人之下) 만인지상(萬人之上) 자리도 사양하였으니 출세가도의 최정점까지 오른 성공신화의 주인공이다. '개천에서 용났다'고 할 만큼 강한 도전정신과 열정으로 쌓아올린 금자탑이다. 인생역정을 마라톤에 비유하면 일등으로 골인한 그를 전 동문들이 경외의 눈으로 바라본다.

그 친구는 나의 결혼식 사진에 주인공인 신랑보다 키도 더 크고 미남형으로 서 있으니 나를 더 작아지게 만들었다. 지금도 내가 쓴 글에 대하여 정곡을 찌르는 혹평으로 과외교사 노릇을 톡톡히 하고 있다. 나의 첫 수필집 『아름다운 도전』 책머리에 '액티브 시니어 찬사'라는 축하의 글을 실어주었고, 수십 권의 책값을 대납하고 동기생들에게 책을 나누어 주니 고마운 마음 이를데 없다. 늦은 나이에 네 권의 수필집을 내고 글쓰기를 계속하는 것도 그 친구의 간곡한 권유가 큰 힘이 되었다.

나도 친구처럼 4년제 대학에 편입하고 행정고시에 도전하고 싶었으나 우선 실력에 자신이 없었고 당시 상황도 여의치 않았다. 청운동 고모집에서 숙식을 해결하며 직장에서 퇴근 후 중학생들을 가르치는 가정교사 노릇을 하고 있었기 때문에 어려운 고시의 길을 포기할 수밖에 없었다. 같이 졸업한 동기생 중에는 네 명이나 행정고시에 합격하여 그들이 무척 부러웠다. 고위공직자로 출세가도를 저만치 앞서가고 있었기에 나는 동창회 모임에

가면 말단 계급이 부끄러워 한쪽 구석 자리에서 불고기판만 뒤적거렸다. 하지만 송무백열(松茂柏悅), 즉 소나무가 무성한 것을 보고 잣나무가 기뻐한다는 고사성어를 떠올리며 그들의 출세가 나에게는 큰 느티나무의 그늘처럼 여겨졌다.

재학시절 두 분 교수님이 기억에 남아 있다. 국문학을 가르치던 이하윤 교수로 명시 「향수」의 작가 정지용과 시문학 활동을 함께 했으며 당시 서울대학교사범대학에서 출강하셨다. 좋아하는 과목이라 특별히 따랐고 나의 결혼식에 주례를 서신 후 형님과 술친구가 되셨다. 한 분은 노산 이은상 시조시인으로 특강시간에 '충무공 이순신의 구국정신'을 감명 깊게 들었으며, 중고등학교에서 애창곡으로 부르던 「가고파」 작사가를 직접 대면하니 감개무량하였다. 유달리 귀가 큰 용모가 매우 인상 깊었고 마산 앞바다가 그리워 국민가곡을 탄생시킨 그의 시심(詩心)에 외경(畏敬)의 마음으로 경청하였다.

2년 단기간에 전문 통신과목 외에도 일반대학에서 가르치는 인문과목을 모두 이수해야 하므로 공부하는 분량이 많아 힘들고 어려웠다. 통신과목은 흥미가 없어 건성으로 때우고 주로 인문학 과목에 관심을 기울여 공부했는데 그때 배운 행정법, 행정학은 훗날 사무관 시험과목으로 합격할 수 있는 기초가 되었다. 인문학 과목은 서울대학교 교수분들이 여럿 출강하면서 고교 시절에 이름만 듣던 유명하신 분들의 강의를 직접 받고 보니 학문의 최고 전당인 대학에서 공부하는 보람과 자긍심을 가질 수 있었다.

체신대학은 5.16 혁명정부가 들어서면서 폐교조치가 내려지는 바람에 통신행정과 7기는 마지막 졸업기수가 되어 후배가 없는 아쉬움을 남기게 되었다. 수백 명 선배 졸업생들은 한국전쟁으로 완전히 파괴된 통신시설을 재건하는 데 크게 기여한 공로자들이다. 전화 한 대 값이 집 한 채 값과 맞먹던 시절에서 지금의 무제한 판매시대를 맞이한 것은 이들 통신역군들의 땀으로 일궈낸 결실이다.

훌륭한 선배님들이 쌓은 업적을 기반으로 평생을 통신직업에 종사한 나의 직장 시절은 보람차고 즐겁고 행복한 추억을 남겼다. 나의 신체조건이나 능력으로 봤을 때, 만약 인기부서나 보수만을 쫓아 다른 분야로 눈독을 들였다면 아마 정년 전에 직장을 떠나는 퇴직자의 신세가 되었을지도 모를 일이다.

지난해 『국립체신대학사』가 책으로 발행되어 전 동문들과 전국 대학교, 국립중앙도서관 등 유관기관, 관련 인사들에게 배부되었다. 출판기념회에 참석하여 책을 받고 보니 한없이 기쁘고 자랑스러웠다. 이 책을 펴내기까지 2년간 자료를 수집하고, 원고를 쓰고, 편집하느라 고생하신 동문 편집진들의 노고에 감사의 인사를 드린다. 동문들의 꿈, 열정, 추억, 낭만이 고스란히 실린 이 책은 마이크로필름에 저장되어 영구히 보존된다고 한다.

또한 체신대학의 맥을 잇기 위하여 동문 소식지 『원효로』가 10년 넘게 발간되고 있으며, KT 출신 원효로 친목 모임인 원친회(元親會)에서 정기적으로 반가운 얼굴들을 만난다. 전체 1200여

명 졸업생 중 이미 타계한 분들도 많으려니와 생존자들도 모두 산수(傘壽), 졸수(卒壽), 미수(米壽)를 넘긴 노경의 동문들뿐이다.

  원효로 체신대학은 나에게 아름다운 추억으로 남아 있다. 이 땅도 팔렸다니 머지않아 옛 추억의 흔적마저 사라지고 캠퍼스 동편 언덕의 울창한 아카시아 대신 아파트 숲이 들어서게 될 것이다. 재학시절 공부 잘하는 친구들과 한평생 우정을 나누며 살아온 세월이 나에게는 보람차고 행복한 시간이었다. 추억을 공유하는 친구들이 있다는 것도 얼마나 행복한 일인가. 아련히 떠오르는 추억 따라 서울역사박물관에 전시된 전차를 타보고 그 시절을 다시 한번 회상해 보는 시간에 잠기니 지금도 땡땡거리는 전차 소리가 정겹게 들려올 것만 같아 마음이 설렌다.

다이아몬드 반지

　다이아몬드는 귀하고 비싼 보석이다. 천연광물 중 가장 강도가 높고 광채가 빛나 보석의 으뜸으로 꼽는다. 결혼예물로 반지를 만들어 신부의 손가락에 끼워주면 감동을 안기는 최고의 선물이 될 수 있다. 다이아몬드의 단단함은 변하지 않는 사랑을 의미한다고 한다. 그러니 어느 신부라도 다이아몬드 반지를 받고 싶어 하겠지만 가난에 쪼들리는 신랑에게는 언감생심 그림의 떡이다. 가끔 해외 토픽에서 어느 부호가 신부에게 수십 캐럿짜리 다이아몬드를 결혼선물로 안겼다는 뉴스를 볼 때, 그 신부는 얼마나 감격하고 행복해할까 그지없이 부러웠다. 보석 중의 보석이며 선물로 가장 받고 싶은 다이아몬드의 가치는 그토록 사람들의 마음을 홀린다.

　1967년 10월 3일이 장가간 날이다. 50여 년 전 나라가 처음 세워진 날이라고 경축하는 개천절에 종로예식장에서 일생의 반려자와 혼인서약을 하였다. 양가의 가족과 친척, 친우들이 모인 자리에서 신부에게 다이아몬드 반지를 끼워줬다. 나의 형편으로는 파격적인 선물이다. 답례로 신부로부터는 파카 만년필을 받았는데, 그날 축하와 증인으로 모인 하객 앞에서 예물교환 의식에서만은 나의 체면이 흠 잡히지 않고 잘 넘어갈 수 있었다. 신부도 다이아몬드 반지를 받고 나의 능력이나 사랑의 증표로 믿었기에 그날만은 매우 만족해하는 눈치였다. 파카 만년필은 지금 이 글을 쓰는 동기부여의 상징으로 기억된다.

호사다마라고나 할까, 결혼 3개월 후 그토록 신부를 즐겁게 한 다이아몬드 반지가 눈물의 씨앗이 될 줄이야. 나의 부끄러운 죄과(罪過)를 이제야 처음으로 털어놓는다. 분수에 맞지 않게 다이아몬드 반지를 결심한 사연은 이렇다. 평생 한 번뿐인 결혼식에 무리를 해서라도 신부를 즐겁게 해줘야겠다는 한결같은 마음이 앞섰기 때문이다. 다른 이유는 한 직장에서 만나 2년간 데이트를 하면서 우리집 가정 형편이 부자는 아니지만 다이아몬드 반지 정도는 할 수 있는 것처럼 허세를 부렸기 때문이다. 오직 그녀를 놓치지 않겠다는 일념으로 나의 몫으로 시골에 몇 마지기 전답도 따로 있다고 넌지시 허풍을 떨며 가난 티를 숨겼다. 그녀는 나의 말을 순진하게도 그대로 믿었다.

당시 나의 경제 사정은 결혼식을 올릴 형편이 못 되었다. 고모댁에 가정교사로 얹혀살면서 당장 방 한 칸 얻을 돈도 없고, 결혼식 비용도 마련하지 못했다. 고향 집도 하루 세끼 끼니를 잇기 어려울 정도로 곤궁하니 도움을 청할 수도 없었다. 그녀에게는 허세를 부렸지만, 실제 사정은 이처럼 정반대이니 결혼식을 미룰까도 생각해 보았다. 그러다가 혹시 그녀가 마음이 변하여 나와의 결혼을 포기하면 어쩌나 하는 생각에 겁이 덜컥 났다. 나이는 이미 30세에 이르렀으니 이번 기회를 놓치면 노총각 신세가 되지 않을까 초조한 마음을 가눌 수가 없었다.

설상가상으로 어느 날 그녀가 편지 한 장을 내밀었다. 바로 아래층에 있는 직장동료가 그녀에게 보낸 연서였다. 체격이나 경제면에서 나보다 앞선다는 걸 알고 있었기에 경쟁에서 밀릴 가능성이 다분하니 갑자기 그 친구가 몹시도 밉게 보여 복도에서 만나도 외면했다. 그녀가 연서를 숨기지 않고 나에게 떳떳이 보이는 것은 드디어 연적(戀敵)이 출현하였으니 빨리 결혼식을 서두르든지, 포기하든지 결정하라는 경고장으로 보였다. 다급한 상황이라 어쩔 수 없이 일을 저질러 놓고 보자는 심정으로 결혼 날짜를 잡았다. 주례는 대학 은사인 이하윤 교수님에게 부탁했다.

결혼식을 며칠 앞두고 그녀와 함께 종로 금은방에 갔다. 괜찮은 결혼예물로 적당하다는 주인의 말에 따라 다이아몬드 반지 1부짜리를 맞추었다. 마음 같아서야 1캐럿짜리로 으스대고 싶었지만, 나의 능력에 어디 가당키나 한 일인가. 1부짜리도 당시로써는 나의 월급보다 더 많은 꽤 큰돈으로 친구에게 통사정을 하여 급전을 빌렸다. 결혼식이 끝나고 한 달 내에 갚기로 약속하였다. 직장대출로 간신히 서대문 평동에 월세방을 얻어 신혼살림을 시작하였다.

한 달이 지나니 친구의 빚 독촉이 빗발쳤다. 하지만 말단 공무원 쥐꼬리 월급에 대출월부금을 공제하고 나면 친구 빚을 갚을 수가 없었다. 두 달간이나 미루면서 시달리다가 견디지 못하고 비상대책을 강구했다. 도둑고양이처럼 장 속에 숨겨둔 다이아몬드 반지를 아내 몰래 훔쳐서 구입한 금은방을 찾아갔다. 약간의 수수료를 공제하고 되넘긴 돈으로 친구 빚을 갚았다.

그때 생각으로는 오래가지 않고 반지를 다시 찾아서 제자리에 갖다 놓으려 했지만, 돈이 쉽게 마련되지 않으니 도둑이 제 발에 저려 불안한 나날이 지나갔다. 한 달쯤 지난 뒤 반지를 되팔아 버린 사실을 아내에게 들키고 말았다.

결국 일이 터지고 상황이 심각한 사태에 이르렀다. 아내가 가방을 챙겨 친정집으로 가버린 것이다. 아내가 집을 나간 이유를 곰곰이 생각해 보았다. 결혼반지는 두 사람이 한평생을 약속한 사랑의 증표가 아닌가. 아내에게 그토록 소중하고 의미 깊은 결혼반지를 한마디 상의 없이 팔아버렸으니 반지의 값어치보다 나의 행위에 더 분노를 느꼈을 것이리라. 그 뻔뻔하고 후안무치(厚顔無恥)한 태도와 고향집이 가난하지 않다는 허세가 거짓말로 밝혀졌으니 그녀를 속인 나의 인격은 여지없이 추락하고 말았다.

결혼 3개월 만에 보따리를 싸 들고 친정집으로 간 것은 나와 일생을 같이할 수 없다는 결심을 행동으로 보여주는 것이라 생각하니 가난의 설움이 복받쳐 올라 오열하지 않을 수 없었다. 어렵게 결혼식을 마쳤는데 여기서 나의 신혼생활이 멈춘다면 너무 가련한 인생이 될 것 같아 다시 마음을 다잡았다. 다음 날 퇴근하는 길로 바로 아내의 친정집을 찾아갔다. 무조건 잘못했다고 싹싹 빌기로 단단히 마음을 먹었다. 장모님과 아내가 노기(怒氣) 띤 얼굴로 마지못해 나를 맞았다. 양쪽 모두 아무 말 없이 침묵의 시간이 흘렀다. 내가 무슨 말을 하려는지 기다리는 것 같아 먼저 입을 열었다.

"제가 많이 잘못했습니다. 아내 모르게 반지를 처분한 잘못을 무엇으로 변명하겠습니까. 반지는 한 달 내로 찾아서 집사람에게 돌려주겠습니다." 가만히 듣고 계시던 장모님이 드디어 말문을 열었다. 불호령이 떨어지리라 생각했는데 의외로 차분한 어조로 말씀하신다.

"이 서방! 자네 집이 반지를 되팔아야 할 정도로 그렇게 어려운 줄 몰랐네. 그것도 모르고 나는 친척들에게 다이아몬드 반지를 받았다고 자랑까지 했지. 반지는 다시 찾아오고, 자네 몫의 전답이 시골에 있다고 하니 그거라도 팔아서 전셋집으로 옮기게. 단칸 셋방에 살고 있으니 창피해서 말을 할 수가 없네. 이 자리에서 확실히 약속을 하고 자네 처를 데리고 가게나" 얼마나 반가운 말씀인가. 대뜸 "알겠습니다. 그렇게 하겠습니다." 하고 아내의 얼굴을 쳐다보니 아무 말 없이 거부 의사를 보이지 않아 우선 안심이 되었다.

장모님과 어려운 담판 자리를 힘들게 넘기고 아내와 함께 단칸 셋방으로 돌아왔다. 무엇보다 앙탈을 부리지 않고 장모님 말씀에 순종한 아내가 고마웠다. 더욱이 내 몫의 전답이 이미 허풍임을 알고 있으면서 그 자리에서 바로 폭로하지 않은 아내의 속 깊은 배려에 새삼 감복하지 않을 수 없었다.

남편의 체면을 살려주고 친정어머니를 안심시키려는 아내의 현명한 처신에 이번 반지사건은 오히려 부부애를 더욱 두텁게 하는 전화위복의 기회가 되었다. 우리 부부는 신혼 초에 그렇게 큰 고비를 넘기고 맞벌이를 하면서 알뜰히 저축하여 전셋집에서 좋은 집으로 조금씩 재산을 불려 나갔다. 팔아 버린 1부짜리 다이아몬드 반지는 3부로 늘려 새로운 디자인으로 아내의 아픈 상처를 치유하여 주었다. 우리 부부의 결혼생활은 내가 힘겨운 지게였다면 아내는 든든한 작대기가 되어 주었다. 모두 아내의 도움으로 쌓아 올린 행복의 성(城)이다.

장강만리(長江萬里)

 2018년 10월의 마지막 밤을 중국의 장강 크루즈선상에서 보냈다. 이날 밤을 유달리 기억하는 것은 아마도 가수 이용의 「잊혀진 계절」 가사 때문이리라. 마침 동승한 김동길 교수의 애창곡이라고 하기에 반주도 없이 불러드렸더니 중국 돈 백 원을 노래 값이라고 주신다. 뜻밖의 호의에 우쭐한 기분으로 남인수의 「추억의 소야곡」을 한 곡 더 부르고 말았다. 장내 수백 명의 여행객이 모두 박수로 화답한다. 반이 넘는 외국인들까지 즐거운 표정이다. 한국의 대중가요가 그들에게도 흥을 돋우는 모양이다. 함께 어울려 즐기려는 여행객의 기대를 부추긴 셈이다.
 졸수(卒壽)를 넘긴 노 교수의 특강은 여행객의 가슴에 큰 울림을 남겼다. 「인생은 사랑이다」란 강의 주제가 시니어들에게 삶의 의미를 일깨워주는 명언으로 들린다. 장강에 배를 띄우고 인생을 사색해 보는 분위기가 잠시나마 시선(詩仙)의 경지를 느끼게 한다. 수천 년 중국 역사가 고스란히 숨을 쉬고 있는 장강 물결 위에서 수많은 영웅호걸과 시인 묵객들이 남기고 간 영욕의 발자취가 깊은 사념에 빠져들게 한다. 조용히 눈을 감고 명상에 잠긴다.

명상에서 깨어나 강 양쪽 주변을 살펴보니 오늘의 중국 발전상이 한눈에 들어온다. 대도시의 높은 빌딩과 수많은 물류이동 선박들이 G2의 위세를 과시한다. 장강만리 마지막 도시인 상해 푸동지구의 눈부신 경관은 상전벽해(桑田碧海)가 되었고 뉴욕의 맨해튼을 연상케 한다. 짝퉁이나 만들던 옛날의 중국 이미지를 벗어나고 있다. 짝퉁은 더 이상 중국에서 찾아보기 어렵다고 현지 안내원이 설명한다. 발전 속도가 압축된 장강만리 십여 개 도시들을 돌아보면서 한국을 추월하는 시기가 코앞에 닥쳐왔다고 여행객 모두가 불편한 심정을 토로한다.

장강은 티베트고원에서 발원하여 상해까지 장장 6,397km를 흐르는 세계에서 세 번째이고 아시아에선 가장 긴 강이다. 강 길이가 만 리가 넘으니 만리장성과 함께 중국의 드넓은 국토를 짐작게 한다. 오랫동안 학교에서 읽혔던 실제 양자강은 상해에서 남경까지이고 거슬러 올라가면서 심양강, 형강, 천강, 금사강, 통천하, 퉈퉈하, 당웅하의 여덟 개 강 이름으로 나누어진다. 이 강은 상업도시인 상해, 남경과 공업도시인 성도, 우한 중경 등 중국의 심장부 10여 개 성과 시, 자치구를 통과하면서 중국 경제의 생명줄과 같은 역할을 하고 있었다. 예로부터 '장강을 지배하는 자가 천하를 지배한다.'는 격언이 전해질 정도로 중국 역대제국의 흥망성쇠 역사가 모두 장강의 강물 속에 묻혀 흘러갔다. 세월의 흐름에 따라 세대교체가 불가피하다는 의미로 '장강의 뒤 물결이 앞 물결을 밀어낸다(長江後浪推前浪).'는 명언이 널리 인용되고 있다.

이번 여행코스는 상해에서 크루즈선이 항해할 수 있는 중경까지 약 6천 리를 십여 일간 여행하였다. 상해, 태주, 양주, 경덕진, 호북성, 형주, 이창, 신녀계, 석보채, 중경, 성도를 하루 한 지역씩 돌아보면서 그 지역의 역사와 문물을 눈여겨 살펴봤다. 장강 뱃길 따라 관광지로 알려진 곳이라 볼거리가 넘쳐나지만, 안내원의 설명만으로 대신하는 지역이 많았다. 곳곳에 삼국지 역사와 인물, 역대 왕조의 유적이 수없이 널려 있었으나 짧은 일정으로 그들의 문화와 역사를 자세히 탐색할 수는 없었다.

도자기의 고장 경덕진, 이백의 시로 유명한 황학루, 삼국지의 주 무대인 백제성과 형주고성, 호북성 동호산책, 중국 10위안짜리 화폐 배경이 된 선녀계, 장강삼협의 진주 석보채, 성도의 무후사 유비묘역 등을 주마간산 격으로 둘러봤다. 양주에는 일찍이 당나라에 유학하여 높은 관직에 올라 중국 황실에 「토황소격문(討黃巢檄文)」으로 문명을 날린 고운(孤雲) 최치원의 자취가 곳곳에 남아 있다. 또 『동방견문록』을 쓴 이탈리아 탐험가 마르코폴로의 동상이 이채로웠다. 조선 초 이성계의 고명(告命)을 받고 명나라에 갔던 정총(鄭摠)이 양자강을 지나면서 읊은 시 한 수를 옮겨본다.

兩岸春旗簇酒樓 　강 양쪽 언덕 봄 깃발 휘날리는 술집 즐비한데
數聲柔櫓過滄洲 　유유히 노 젓는 소리를 들으며 창주를 지나가네
白鷗也識忘機客 　흰 갈매기 객실 잃고 헤매는 사람을 알아보고
故故飛來近葉舟 　이따금 잽싸게 날아와 일엽편주에 다가서네

 상해 중경 두 도시는 대한민국 임시정부가 있었던 역사의 현장이다. 1919년 3.1만세운동을 계기로 상해에서 임시정부가 수립되어 대한민국이란 국호가 처음 시작되고 13년간 독립운동의 구심점 역할을 하였다. 홍구공원에서 윤봉길 의사의 폭탄 투척사건으로 일제 탄압이 극에 달하자 중국내륙으로 6,000km를 이동하면서도 독립 의지를 꺾지 않았다. 8년간 항주, 진강, 장사, 광주, 유주, 중경까지 고난의 장정시기(長征時期)를 거쳐 중경에서 5년간 활발한 독립운동을 펼치다 1945년 환국하기까지 26년 동안 우리나라 정부기능의 명맥을 이어왔다.
 정부조직이나 헌법이 현대 민주국가의 체제를 온전히 갖추고 있었음이 놀랍고, 조국 광복을 위해 헌신한 선열들의 숭고한 희생정신에 감읍하지 않을 수 없었다. 그로부터 100년이 지나 한가로이 여행길에 들른 후손의 부끄러운 심정을 가눌 수가 없구나. 환국 임정 요인들이 사진으로 남긴 마지막 정부청사 계단에 서니 만감이 교차한다.
 가장 관심을 끈 볼거리는 장강여행의 하이라이트인 삼협댐이다. 세계에서 토목공사로는 가장 규모가 크다고 한다. 1919년 손

문에 의하여 건설이 구상된 이 댐은 먼저 작은 규모의 길주댐을 준공하여 수년간 시험과정을 거친 후 1992년에 착공하여 2009년에 준공하였다. 높이 185m, 너비 135m, 길이 2,309m, 최대 저수량 390억 톤으로 미국의 후버댐을 능가하고 소양강댐의 14배나 된다. 장강 중류를 막아 급류 낙차를 줄여 유람선이 중경까지 올라갈 수 있도록 만들었다.

매일 1,800만 kw의 전력을 생산하여 장강 유역 주요 도시에 공급한다. 댐은 5개의 갑문식으로 수위가 높아지면 다음 문으로 배가 이동할 수 있고 하나의 관문을 통과하는 데 40분이 소요된다. 이 댐에 대한 중국인의 여론은 다소 긍정적이긴 하나 댐의 붕괴나 환경문제로 우려의 목소리도 들린다고 한다. 삼협댐을 둘러보면서 과거 금강산댐 대응조치나 대운하 계획이 무산된 우리나라의 사례가 머릿속에 맴돈다. 백 년 후를 내다보고 강물을 다스리는 현명한 정책이 나라의 명운을 가를 수 있음을 타산지석(他山之石)으로 삼을 일이다.

장강 유람선 TV에는 시진핑 주석이 자주 등장한다. 정치는 공산당이 맡고 경제는 시장경제체제로 나라를 운영하면서 최고 통치자에게 황제에 버금가는 권력이 집중되고 있다. 우리와 정치이념이 다른 일당 독재체제에서 그들이 가장 두려워하는 것은 인민의 민주화 요구와 티베트와 같은 변방 소수민족의 분리 독립 움직임이다.

초록은 동색이라고 북한과는 혈맹관계를 유지하면서 북핵 제어 수단을 미국의 수입관세정책과 저울질하고 있다. 대국답지 않게 장막에 가려진 나라가 아닌가 의심을 떨쳐 버릴 수가 없으니 얄미운 이웃이다. 친구인지 적인지 애매한 관계가 수천 년 동안 이어지고 있다. 세계 양대 패권국인 미국과 중국 사이에서 눈치를 보며 줄타기 외교를 할 수밖에 없는 우리의 현실이 안타깝지만 친미용중(親美用中) 방향이 국익을 도모할 수 있는 현명한 결정이 아닐까 하는 생각을 가져본다.

만월대의 달빛

　　흥망이 유수하니 만월대도 추초(秋草)로다
　　오백 년 왕업이 목적(牧笛)에 부쳤으니
　　석양에 지나는 객이 눈물겨워 하노라

고려 유신(遺臣) 원천석(元千錫)이 송도를 찾았을 때 읊은 회고시조다. 국사책을 즐겨 읽으며 새 왕조의 부름을 거부한 작자의 높은 충절과 회고시에 담긴 애절한 뜻을 이해하게 되었다. 송도를 다시 찾은 충신의 절의를 추앙하며 나 역시 회고시의 배경인 개성을 언젠가 찾고 싶었으나 분단의 장벽에 가로막혀 갈 수가 없었다. 체념하고 살아온 세월이 60여 년이다. 다행히 현대 정주영 회장의 소떼몰이로 갑자기 관광길이 트이는 바람에 이 절호의 기회를 놓칠 수가 없었다.

2007년 12월 8일 드디어 개성관광에 나섰다. 북한지역이라 언제 상황이 바뀔지 몰라 서둘러 접수를 하고 바로 관광 개시 이틀 만에 북한 땅을 밟을 수 있었다. 숙박 여행이 아닌 당일 관광으로 처음 가보는 길이라 조금은 설레는 마음을 안고 출발했다. 가는 길은 신의주까지 이어지는 국도 1호선이며 노무현 대통령이 처음으로 군사분계선을 넘었던 길이다. 당시 걸어서 분계선을 넘는 장면을 연출하려고 표시했던 노란색 경계선은 지워졌으며 휴전선을 상징하는 시멘트 말뚝은 그대로 남아 있었다.

개성은 송악산을 배경으로 여러 산성에 둘러싸인 분지형 지형이다. 고려 오백 년 도읍지로 역사유적이 일부 남아 있고 개성 인삼으로 많이 알려진 곳이며, 한때는 경제 협력의 상징인 개성공단이 조성되어 남북 간 왕래가 잦았던 곳이다. 공단과 가까운 경의선 봉동역까지 남북 간 기차선로가 이어져 하루 한 차례 화물열차가 다녔으나 그조차 1년도 못 되어 중단되었다. 출입사무소에서 실제 출국수속을 하면서도 다른 나라가 아니라고 '출경(出境)'이란 궁색한 절차로 대신하는 것이 어색하게 느껴져 분단의 현실이 가슴 아팠다. 불과 70여 년 전에는 마음대로 다니던 곳인데 국경 아닌 국경이 되어버렸으니 이 경계선은 언제 허물어지려나.

개성이 인구에 회자되는 일화는 단연 송도삼절(松都三絕)이다. 절색 황진이, 절윤 서화담, 절승 박연폭포 이 세 가지 뛰어난 존재가 개성을 세상에 널리 알리는 자랑스러운 역사가 되었다. 황진이는 조선조 최고의 명기로 출생에서부터 죽음에 이르기까지 많은 일화가 전해지고 있다. 출중한 미모와 시, 글씨, 그림, 춤 등 다방면에 재주가 뛰어나 당대 유명 문인들과 교류하였으며, 특히 남녀 간의 애정을 읊은 시가 많아 문학적인 평가는 물론 소설과 드라마의 주인공이 되고 있다.

황진이의 미모에 넋을 잃은 뭇 한량들이 그녀와의 하룻밤을 큰 자랑거리로 만들려고 안달했지만, 결코 호락호락하지 않았다, 유혹에 넘어가지 않겠다고 호언장담하던 벽계수를 시조 한 수로 굴복시키고, 당시 불가에서 생불로 불리던 지족선사를 파계시키기도 하였다. 도학군자인 서경덕만이 끝까지 유혹을 뿌리쳤으므로 그의 고매한 인품과 학문에 매료되어 제자가 되길 자청하고 스스로 송도삼절이라 칭송하였다. 그녀가 가장 사랑했던 이는 판서 소세양이었고 한양 제일의 명창 이시종을 만나 6년간이나 운명적인 사랑을 나누다 헤어진 후 그를 그리워하는 시조 한 수를 남겼다. 당초 이 시조는 첫 남자인 김경원을 사모하여 읊었던 시조라고 한다.

> 동짓달 기나긴 밤을 한허리를 베어내어
> 춘풍 이불 아래 서리서리 넣었다가
> 어른 님 오신 날 밤 이어든 굽이굽이 펴리라

박연폭포는 설악산 대승폭포, 금강산 구룡폭포와 함께 우리나라 3대 폭포의 하나로 개성에서 북쪽으로 16km 떨어진 곳에 있었다. 천마산과 성거산 사이를 흐르는 계곡물이 바가지 모양의 박연에 모여 화강암 절벽으로 떨어지는 37m 높이의 폭포다. 겨울철이라 수량이 많지 않고 얼음으로 뒤덮여 폭포의 장관을 볼 수 없는 아쉬움을 남기고 발길을 돌렸다. 폭포 옆 용바위에 새겨진 글씨는 황진이가 절경에 감탄하여 머리채를 붓 삼아 휘갈겨 쓴 글씨가 호방하고 우아해 보였다. 또 옛사람들이 풍류를 즐기며 써놓은 글씨와 이름들이 빽빽이 새겨져 있었다.

오전 박연폭포 관광을 마치고 개성 시내로 돌아와 민속촌 식당에서 모두 노란색 놋그릇에 담은 11첩 개성 한정식으로 점심을 먹었다. 반찬 대부분이 양념 조리를 적게 해서인지 싱겁고 담백한 맛으로 소박한 사찰 음식 같았다. 개성 시내 풍경은 거리에 다니는 사람이 많지 않고 달리는 차량도 없어 한적한 분위기였다. 가장 붐비는 곳은 현대식 건물이 들어선 공단으로 직원들을 출퇴근 시키는 버스가 시내 중심거리를 누비고 다녔다. 시내 야트막한 자남산 언덕바지 가장 잘 보이는 곳에는 어김없이 김일성 동상이 우뚝 세워져 있었다.

오후 관광은 숭양서원, 고려박물관, 선죽교를 둘러봤다. 숭양서원은 고려말 유학자 정몽주를 기념하기 위하여 그의 집터에 세운 조선시대 사설 교육기관이다. 왕이 편액을 내려준 사액서원(賜額書院)으로 대원군 서원철폐 시에도 존속되어 조선시대 유명 유학자의 위패가 모셔져 있었다. 고려박물관은 고려시대 성균관을 박물관으로 바꿔 각종 역사유물과 문화재 수백 점을 전시하고 있어 눈길을 끌었다. 마지막으로 찾아간 곳은 선죽교다. 포은 정몽주의 혈흔이 정말로 남아 있는지 눈여겨 살펴봤다. 검은 색깔이 보이긴 하나 수백 년 세월이 흘렀으니 당시 혈흔이라고 인정하기는 어렵지만, 포은의 충절을 기리는 뜻깊은 사적임을 확인할 수 있었다. 바로 옆에는 그의 업적을 기록한 표충비가 세워져 있었다.

개성관광에서 꼭 찾고 싶었던 곳은 만월대(滿月臺)다. 송악산 남쪽 언덕에 위치한 고려 옛 황궁터로 이미 폐허가 되어 주춧돌만 남았지만 찬란했던 전성기의 웅장함을 느낄 수 있는 유서 깊은 사적지다. 2007년 남북공동으로 만월대 발굴조사를 진행한 바 있으며 2013년 개성역사유적지구가 경주처럼 유네스코 세계문화유산으로 등재되었다. 훗날 길재(吉再)와 황진이는 회고시조로, 고복수는 「황성옛터」 노래로 폐허가 된 만월대의 허망한 자취를 탄식하였다.

또 개성기행에서 개인적으로 꼭 찾아가 보고 싶은 곳이 있었다. 바로 익재 이제현(李齊賢) 선조의 묘소이다. 필자 본관인 경주이씨 대파조(大派祖)로 우리 역사에 큰 족적을 남긴 명재상이며 이문구국(以文救國)의 문필활동을 펼친 위대한 문장가이다. 원나라 부마국(駙馬國) 90여 년의 수난기를 함께 살면서 고려의 자존과 국가적 난제를 해결하기 위하여 온몸을 바쳤다. 이순신 장군이 칼로써 조선을 지켰다면, 이제현은 붓으로 고려를 지켜냈다. 충숙왕 10년에 원나라의 1개 성(省)으로 고려를 넘기자는 입성책동

(立省策動) 사건이 일어나 왕통이 끊어지려는 절박한 순간을 맞았다. 이때 명문장으로 그 부당성을 원과 조정에 설득하여 400년 고려사직을 지켜냈다.

개성은 오백 년을 이어온 고려의 수도였던 만큼 경주 못지않게 역사유적이 많이 남아 있었서야 함에도 의외로 유적이나 유물이 그리 많지 않아 조금은 실망스러웠다. 그것은 새 왕조가 한양으로 천도하면서 저항세력을 제거하고 고려의 잔영을 완전히 지워버리려는 역성혁명의 결과가 아닐까 유추해 본다. 전 왕조의 기득권 세력인 왕(王) 씨 일족을 강화도 바닷속에 수장시킬 정도이면 그들이 꽃피운 역사유적이나 유물인들 온전히 남겨두려 했겠는가. 고려의 찬란했던 문화와 유적유물이 파괴되지 않고 오늘에 고스란히 남아 있다면 경주에 버금가는 문화도시로 명성이 이어졌으리라.

역사는 업적이든 과오이든 사실대로 다음 세대에 전수되어야 할 것이다. 과오만을 들추고 업적은 지우거나 왜곡하려 한다면 다음 세대 후손들에게 잘못된 역사관을 심어주지 않을까 걱정스럽다. 오늘의 현실을 개탄한다. 나라의 정체성을 흔들고 전 정권이 공들여 쌓아놓은 업적은 파기하거나 훼손하면서 적폐(積弊)라는 명분으로 뒤집으려 한다면 수백 년 전 새 왕조의 그릇된 말살책동과 무엇이 다르겠는가. 지난 역사를 교훈으로 삼으려 하지 않고 정권연장에만 골몰하니 답답한 시국이 가슴을 짓누른다.

관광코스로 개방되지 않은 만월대, 공민왕릉, 왕건릉을 보지 못한 아쉬움이 남아 추후 1박 여정으로 대상 지역이 확대되면 한 번 더 개성을 찾고 싶었지만 1년 만에 관광이 중단되고 말았다. 언제 다시 개성(開城)이란 지명 뜻처럼 성문이 활짝 열리려나 기다리는 시간이 하염없이 흘러간다. 개성에서의 하루는 역사의 뒤안길을 돌아보는 의미 있는 여정이었으나 풀리지 않은 분단의 한을 가슴에 안은 채 무거운 발길을 돌릴 수밖에 없었다. 오늘 정월대보름 밤도 휘황찬란한 달빛이 만월대의 황량한 황궁터를 교교히 비추고 있으리라.

세종대왕의 한숨 소리

　서울의 상징인 세종로 거리에 KT 빌딩이 우뚝 서 있다. 이 빌딩 10층 본사에서 8년 가까운 세월을 중견간부로 일했다. 그 이전 세종문화회관 자리에 있던 광화문전화국에서 4년, 동아일보사 뒤 체신본부 빌딩에서 5년, 모두 17년 세월을 서울의 중심인 광화문 네거리 빌딩에서 월급쟁이 인생으로 청장년 시절을 보냈다. 36년 공직생활의 반에 해당하는 시간이다.

　1963년 2월 처음 직장인 광화문전화국 서무과에 '5급 을류' 행정서기보로 첫 발령을 받았는데, 지금의 9급직 최말단 공무원 계급이다. 비록 말단이지만 수도 서울 세종로 높은 빌딩 사무실에 나의 책상이 있다는 것이 무엇보다 자랑스러웠다. 촌놈이 출세했다는 소리도 들었다.

　고향에 계신 어머니와 형님께 기쁜 소식을 전하려고 편지를 썼다. 동네 분들이 초등학교 6년 동안 반장과 우등상을 놓치지 않더니 제 몫을 한다면서 부러워 하드라는 소식도 전해왔다. 부모님을 기쁘게 하는 일이 가장 큰 효도임을 실감했으며, 기울어진 가세를 다시 일으켜 세워야 되겠다고 마음속으로 다짐했다. 말단 공무원 주제에 꿈만은 야무지게 갖고 즐거운 발걸음으로 출근해서 열심히 일했다. 당시 시대 상황은 서울로 무작정 모여들 때이고 취직하기는 낙타가 바늘구멍 지나가기에 비유할 정도로 어려운 시기였다. 공무원은 적은 보수라도 직장자체가 신분을 인정받을 수 있다는 자긍심과 나름대로 '조국근대화'와 '새마을정신'으로 뭉쳐진 국가관도 남달랐다. 고향 어른이 사위를 삼겠다고 알려 왔으나 공무원 보수가 너무 적어 맞벌이 서울 처녀를 아내로 맞았다.

말단에서 몇 년마다 한 계급씩 승진하는 기쁨이 그지없이 좋았다. 상위계급 승진은 보수, 권한, 위상이 격상되기 때문에 오직 승진만을 목표로 업적을 쌓아 상사의 신뢰를 얻고자 노력했다. 거의 매일 야근이 계속 되도 불만을 표시하지 않았고, 오히려 일이 없으면 새로운 일을 만들어서라도 성과를 올려 인정을 받고 싶었다. 서기-주사-사무관-서기관급으로 직급이 올라가면서 직위 호칭도 계장-과장-부장-국장으로 불려 '장(長)'자 소리만 22년을 들으며 직장생활을 마쳤다.

사무관 임관 때 옥새(玉璽)가 찍힌 대통령 임명장을 받으니 드디어 서울 와서 출세했다는 자부심으로 광화문 네거리를 휘저으며 추억의 거리 골목골목을 누비며 다녔다. 그 시절 광화문 뒷골

목에는 청진옥해장국, 유정낙지, 한성옥곰탕집 등 소문난 음식점과 간이주점들이 즐비하여 야근을 마치고 퇴근할 때는 으레 들렀던 곳이다. 2. 3차로 이어지는 경우가 많았고 안주는 상사에 대한 불만 메뉴가 오징어 씹듯 고소했다. 광화문 네거리는 나의 살아온 인생역정에서 볼 때, 시골 꽃모종을 서울 꽃밭에 이식하여 예쁜 꽃을 피워내기까지 성장한 터전이라 할 수 있다. 영원한 마음의 둥지다. 활짝 핀 꽃으로 지방 여러 곳에 단위기관장을 하면서 월급쟁이 전성 시기를 보냈다. 한성부윤, 도백, 도승지를 지낸 동기생이 이 글을 읽으면 그것도 자랑이라고 늘어놓느냐 하겠지만, 나의 자질과 능력에 비하여 후회 없는 직업선택이었고, 부족함이 없는 경력이었고, 즐거운 직장생활이었음을 솔직하게 털어놓는다.

  어제 오랜만에 태극기 집회에 참관하면서 세종로 거리를 걸었다. 옛 기억을 떠올리며 좌우 양쪽이 어떻게 달라졌나 유심히 살펴보았다. 더 넓어진 거리, 여기저기 솟은 높은 빌딩이 서울의 발전상을 한눈에 보여주지만 어쩐지 놀라움보다는 가슴이 저며오는 이유는 왜일까. 먼저 눈에 거슬리는 광경은 네거리 바로 앞에 세워놓은 커다란 세월호 리본 상징물과 흉물스런 시위천막이다. 벌써 몇 년째인가. 아무리 이해를 하려 해도 납득이 되지 않는다, 어젯밤 어느 교육감 후보는 세월호 리본을 가슴에 달고 방송연설을 한다. 추모를 앞세운 얄팍한 득표 노림수로 보인다.

  바로 옆길에는 어느 노조 시위대가 커다란 플래카드와 피켓을 들고 한 맺힌 시위 곡을 고성능 확성기로 틀어댄다. 가끔 장송곡도 울린다. 피켓에 적힌 구호는 섬쩍지근하고 무섭다. 다른 한쪽 길은 주말마다 열리는 태극기 집회 행렬이 대형 확성기를 앞세우고 한국전쟁 때 불렀던 가요들을 합창한다. 나라가 점점 좌경화되어 가고 있으므로 기울어져 가고 있는 나라를 바로 세워야 한다고 절규한다. 무슨 일이 곧 터질 것 같아 불안하고 조마조마하다. 저마다 나라 걱정을 한다면서 명분과 정당성을 주장하지만 꼭 볼썽사나운 과격시위로 당면문제를 해결하려 한다면 온 국민의 지지를 받을 수 있을까. 여기에 불법시위를 통제하려는 경찰과 차량까지 이들 시위 인파와 한데 뒤섞여 광화문 네거리는 그 야말로 아수라장이다. 두 동강 난 국토의 한쪽 서울의 심장부에서 며칠이 멀다 하고 벌어지는 이 혼란스런 시국이 가슴을 짓누른다. 이를 줄곧 지켜보는 세종대왕과 이순신 장군의 한숨 소리가 귓전에 가까이 들리는 것 같다.

    광화문이 어떤 곳인가. 조선이 건국하면서 세운 근정전 정문이다. 세종 때 임금의 덕(德)이 온 나라를 비춘다는 뜻으로 '광화(光化)'로 명명하였으며 세종로는 조선시대 육조(六曹)의 거리다. 지금도 대통령 관저가 가까이 있고 정부종합청사와 국가기관이 자리 잡고 있어 나라의 역사가 고스란히 숨을 쉬고 있는 곳이다. 어느 장소보다 정숙하고 질서를 지켜야 할 곳인데, 오히려 더 소란스런 광장이 되어버리고 말았으니 외국인의 눈에는 시위만 하는 나라로 나쁜 인상을 주지 않을까 우려된다.

집단시위가 일상화된다면 나라꼴이 어떻게 되겠는가. 마음 놓고 세종로 거리를 활보할 수 있는 날이 하루 속히 자리 잡기를 바라는 마음 간절하다.

살인 미소

초로(初老)의 나이에 친구의 소개로 만나 추억의 로맨스를 공유하는 여인이 있다. 중국 국적의 이 여인과는 한중 두 나라를 오가면서 꽤 오랫동안 연애감정을 갖고 데이트를 즐기며 연인과 같은 사이로 지냈다. 흔히 말하는 플라토닉 러브라고 미화할 것까지는 없지만 정신적으로 서로 좋아하고 평생 잊을 수 없는 추억을 쌓았다. 그 추억은 우리 민족의 성역인 백두산에서 처음 시작되었다.

백두산은 민족의 영산이다. 건국신화의 배경으로 숭앙받는 신령스러운 산이다. 우리 국토의 여러 산 중에서 제일 높고, 지리산까지 이어지는 백두대간의 기본 산줄기가 시작되는 곳이다. 1년 중 8개월이나 흰 눈으로 덮여 있어 '흰머리 산'이란 뜻의 백두산(白頭山)으로 불리게 되었다고 한다. 해발 2,275m 산 정상에 위치한 천지(天池)는 그야말로 하늘에 있는 호수다. 수심과 수량이 엄청나 드넓은 중국 땅에도 이렇게 깊은 호수는 없단다. 송화강, 압록강, 두만강의 발원지로 마치 깨끗한 정화수를 머리에 이고 일 년 내내 나라의 융성을 기원하는 민족의 성지(聖地)와 같은 곳이다.

누구나 백두산에 올라 천지를 한 번이라도 봤으면 하고 소원하지만, 힘들게 백두산에 올랐더라도 천지 전경을 보기는 쉽지 않다고 한다. 변화무쌍한 기후 때문에 수시로 안개에 덮여 있어 많은 덕을 쌓은 사람에게만 보여 준다는 속설이 있다. 백두산을 다녀온 사람 중에는 두세 번 올라도 천지 구경을 못해 아쉬워하는 사람도 있고, 처음 갔는데 완전히 맑게 갠 천지를 보고 왔다고 자랑하는 사람도 있다. 재작년에 남북한 정상이 천지를 배경으로 양손을 치켜올리는 영상을 TV에서 보았는데 정말 역사적인 장면이었다. 그 장면대로 평화의 시대가 열려 중국을 거치지 않고 백두산에 오르는 관광코스가 개설된다면 얼마나 좋을까.

2002년 가을에 백두산 관광길에 나섰다. 그것도 예쁜 여성 가이드와 함께했다. 수년간 중국 연길대학 초빙교수로 일하던 고향 친구에게 백두산 관광을 단체가 아닌 개인 관광으로 다녀보고 싶다고 부탁했더니 마음에 쏙 드는 그녀를 소개해 주었다. 그는 중국통으로 고향에서 중국대사라는 별칭이 붙었다. 연길공항에서 처음 만난 그녀는 전문 가이드가 아닌 조선족 독신 여인으로 우리말 소통에 아무 문제가 없었다. 나의 외로운 처지를 잘 알고 있는 친구가 특별히 배려해서 아르바이트 형식으로 주선해 주기에 미리 알려준 가이드 비용보다 더 많은 돈을 선불로 지급했다. 당시 한국 원화는 중국 돈의 7배에 상당하는 가치로 교환되던 시기라 기대 이상의 선심에 매우 만족해하는 눈치였다. 내가 선심을 쓴 것은 그녀의 고운 자태에 매료되어 은근히 흑심을 품은 것이 아니냐고 놀려도 할 말이 없다.

초로의 남자와 40대 미모의 여인이 함께하는 백두산 여행은 나의 일생에서 멋진 로맨스가 시작되는 행운의 기회였다. 장백산 호텔에 숙박을 정하고 다음 날 백두산에 올랐다. 행운은 계속되었다. 전경을 보기 어렵다는 넓은 천지 호수가 눈앞에 펼쳐지는 것이 아닌가. 드디어 나도 소원하던 백두산 천지를 바로 눈앞에서 보게 되니 탄성이 절로 나온다. 기념 촬영을 하고 숙소로 돌아왔다. 내일 연길로 출발하면 그녀와의 당초 약속은 끝이 난다. 짧은 일정이 너무나 아쉽게 느껴지는 것은 미인 가이드와 함께한 시간이 꿀맛처럼 달콤했기 때문이리라.

기왕 여기까지 온 김에 그녀와 더 시간을 보낼 수 있는 기회를 만들려고 과감히 집안, 대련, 청도 여행을 계속하자고 제의했다. 세 도시를 선택한 것은 집안은 고구려 수도 국내성과 광개토대왕비 장군총을 탐방하고, 대련은 여순 감옥의 안중근 유적, 청도는 중국의 동쪽 항구를 둘러보고 뱃길로 귀국하는 코스가 알찬 여행이 될 것 같아서다. 나의 돌출 제의에 한참 망설이더니 며칠 더 연장하려면 자기 어머니에게 승낙을 받아야 한다고 한다. 며칠 간의 추가 여행비와 가이드 지급 몫은 염려 말고 꼭 승낙을 받으라고 간청했다. 이미 가이드 경험이 있어서인지 바로 전화 승낙이 떨어졌다.

　세 도시 여행 스케줄은 중국어가 능통하고 그곳 사정에 밝은 그녀가 교통, 숙소, 관광지를 꼼꼼하게 체크하여 새로 짰으며, 나는 그녀가 안내하는 대로 따르겠다고 약속했다. 다만 연길, 집안 간은 험지이지만 중국의 오지를 직접 체험하고 싶은 욕심에 시외버스로 장백산 고개를 넘어보자고 했다. 중국문화를 하나라도 더 알고 싶어 하는 나의 요청을 그녀는 흔쾌히 받아주었다. 평균 2,000m에 가까운 높은 산맥을 낡은 시외버스에 하루 종일 흔들리면서 길림성 산촌과 농촌의 가을걷이 풍경을 유심히 살펴봤다. 힘든 여정이지만 그녀가 들려주는 중국문화와 역사 이야기가 지루한 시간을 메꾸어 주었다. 처음 들어보는 십전십미(十全十美)의 의미와 모택동의 업적을 공칠과삼(功七過三)으로 인정하는 중국인의 사상이 돋보였다. 이승만 대통령을 국부로 인정하지 않고 전 정권의 과오만을 들추는 우리의 정치풍토가 과연 바른길인지 한숨이 절로 나온다.

　어느 초라한 식당에서 회장실을 찾으니 집 뒤편으로 가란다. 거기엔 이미 소죽통 같은 기다란 간이변기에 여러 사람이 촘촘히 앉아 볼일을 보고 있었다. 마치 참새떼가 전깃줄에 앉은 모양이다. 나도 그들 사이에 끼여 어쩔 수 없이 급한 생리현상을 해결했다. 세상에 살다가 이처럼 하늘이 훤히 보이는 개방된 장소에서 여러 사람이 엉덩이를 드러내고 합동 볼일은 보기는 처음이다. 이 장면 전체를 뒤에서 카메라에 담으면 걸작이 될 것 같아 간신히 웃음을 참았다. 장시간 승차시간에 참지 못한 승객들은 도로변 아무 데서나 차를 세우고 급한 볼일을 해결한다. 그들 말로 아직 문명되지 못한 사회현상이다.

　10여 일간 백두산과 세 도시 관광을 무사히 마치고 귀가했다. 귀국 보고로 친구에게 전화를 했더니 다짜고짜 아무 일도 없었느냐고 묻는다. 합방은 해도 아무런 관계도 없었다고 사실대로 얘기했지만, 그대로 믿지 않고 의심하는 말투다. 사실 그녀는 여러 날 한 방을 같이 쓰면서도 한 번 포옹한 것 외엔 그 이상의 진도를 허락하지 않았다. 귀국 후 국제 편지로 연서에 가까운 글을 여러 통 보냈더니 기다려 달라고 한다. 몇 년 뒤 그녀가 한국에 단기 취업차 왔다면서 전화를 걸어와 반갑게 다시 만났다. 여전히 고운 모습이 재회의 기쁨을 더해주었다. 특히 웃는 모습이 너무 예뻐 '살인 미소'로 부르겠다고 했더니 아주 좋은 별명이라고 기뻐한다. 제주도, 동해안, 유명관광지로 한국에서의 즐거운 데이트는 계속되었다.

　어머니에게 인사를 시켜드렸더니 이놈이 이번에는 제짝을 제대로 찾았는지 나의 눈치를 살핀다. 오랫동안 재혼을 하지 않는 아들이 걱정되어 마지막 여자를 기다리시는 어머니 심정을 나는 잘 알고 있었다. 노모를 모신 독신생활이 힘들고, 나이는 점점 많아져 초조한 나날을 보내던 시기라 그녀가 승낙만 하면 남은 생애의 반려자로 맞이하겠다는 생각을 굳혔다. 피차 비슷한 입장이니 한집에서 살아보자고 속마음을 털어놓았다. 승낙할 줄 알았는데 의외로 거절이다. 교제는 하되 재혼문제는 더 두고 생각해 보겠다는 메모를 남기고 비자가 만료되는 날, 중국으로 돌아가 버렸다. 더 젊은 상대를 찾는 것 같은 눈치가 보여 당연하다고 생각하면서도 나이가 많은 것이 한스러웠다. 그 후 여러 번 통화를 시도했으나 받지 않았다.

몇 년의 세월이 흐른 뒤 나의 프러포즈를 받아들여 한국으로 오겠다고 전화로 알려 왔으나 그때는 이미 나는 다른 여인과 재혼한 상태였다. 자초지종을 이야기했더니 "너무 버티다 좋은 반려자를 놓쳐버렸네요" 하면서 울먹인다. 잡는 손을 뿌리칠 때는 야속한 마음도 있었지만 늦게나마 진심을 보여주는 그녀가 오히려 가엽게 여겨져 앞으로 살아가는 동안 좋은 친구로 만나자고 위로의 말을 전했다. 남자의 마음을 흔드는 그녀의 살인 미소만은 오래도록 기억에 남아 잊히지 않는다.

이진형 수필집

제1 수필집
아름다운 도전
다양한 형식의 작품력 구사
김창동 (소설가 · 『문학저널』 발행인)

제2 수필집
기다리는 마음
성숙과 성찰로 익히는 인생열매
정목일 (수필가 · 전, 한국문인협회 부이사장)

제3 수필집
격정의 시간
뜨거운 열정으로 빚은 작품세계
이광복 (소설가 · 한국문인협회 이사장)

제4 수필집
나를 붙잡아 주세요
의욕적이고 진실한 삶의 서사
강병욱 (수필가 · 월간 『수필문학』 발행인)

국제PEN한국본부
창립70주년기념 산문선집 14

나를 붙잡아 주세요

발행일 2024년 2월 20일

지은이 이진형

발행인 강병욱
발행처 도서출판 교음사

03147 서울 종로구 삼일대로 457 수운회관 1308호
Tel (02) 737-7081, 739-7879(Fax)
e-mail : gyoeum@daum.net
등록 / 제2007-000052호

* 잘못된 책은 바꿔 드립니다. 값 13,000원

ISBN 978-89-7814-972-3 03810

- 이 책 내용의 전부 또는 일부를 재사용하려면 저작권자와 교음사의 동의를 받아야 합니다.
  지은이와의 협의 하에 인지는 생략합니다.